河出文庫

オーケストラの職人たち

岩城宏之

河出書房新社

+ 目次

まえがき

あなたは音楽会の前売り切符を、何日か、それとも前評判のよいものは何週間か前に買っておく。例えばオーケストラの音楽会だとしよう。開演五分前のチャイムが鳴り、あなたは指定席に座り、わくわくしながら待つ。

オーケストラがぞろぞろステージに出てきて、それぞれの位置に座り、コンサートマスターの合図で、チューニングを開始する。音楽会が始まる前の、オーケストラのあの独特な響きには、気の利いた食前酒のような趣(おもむき)がある。

音を合わせ終わり、ステージの上の一〇〇人近くのオーケストラが静まったところで、カッカカッカッという足音をたてて、指揮者が登場する。

以下、音楽会は順調に進行し、曲目がすべて終わり、あなたは満足してコンサートホールをあとにする。演奏によっては、不満足のときもあるだろうが、それはともかく、この一回の音楽会のために、どのくらいたくさんの人の、いろいろな種類の裏の働きがあるか、あなたは考えたことがあるだろうか。

企画の段階からみれば、仕事は二、三年前に始まることも多い。出演者への依頼交渉や、プログラムを決定するための、出演者と主催者たちとの意見調整、プログラムを印刷する前の原稿依頼等……、限りなくたくさんの仕事があって、はじめて音楽会当日になるのだ。

そして演奏者が、ステージに現れる。裏方さんたちの仕事の重要さや、音楽会が終わったあと、どのくらいのスピードで彼らがステージを片づけて、使用前の空っぽのステージに戻してしまうのかなどを、意識しているお客は、あまりいないに違いない。

広辞苑には「裏方」はどのように出ているだろう。

▼うら‐かた【裏方】
(1)貴人の妻。特に、本願寺法主の妻。
(2)他人の妻の敬称。
(3)芝居などで、舞台裏で働く人。衣裳方・小道具方・大道具方など。
(4)比喩的に、陰の協力者。「選挙戦の―をつとめる」

「裏方」という言葉があるからには、「表方」という言葉もあるのではないか。たった二行だが、広辞苑ではこうである。

▼おもて-かた【表方】
（1）表の方面。
（2）劇場で、観客に関する業務を行う従業員。

どうもぼくの予想とは、違っていた。劇場で、観客に関する業務を行う人たちのことを、すべて含めて、ぼくは「裏方」と思っていたのである。

つまり、演奏者としてステージに出ないで、聴衆や観客の目にふれない人びとの仕事を、ぼくはすべて裏方さんの仕事と思っていたわけだ。

ぼくのような指揮者とかピアニストやバイオリニスト等の演奏家が「表方」だと、長年誤解してきたことに気がついた。

音楽会という仕事にたずさわる人間を二つに分ければ、表方と裏方である。指揮者やピアノ、バイオリン等の独奏者は、表方の典型なのだと、長年思ってきた。

広辞苑によれば、表方は「観客に関する業務を行う従業員」だそうだが、ぼくは、この人たちも裏方だと思っている。広辞苑にある通りに、考えを変えたくない。

聴衆は、膨大な数の裏方の仕事のおかげで、演奏会を楽しむことができる。ごく少数の「表方」のわれわれは、裏方の働きによって、はじめて存在することができるのである。

裏方の仕事には、拍手喝采は届かない。彼らの仕事は、一〇〇パーセント完璧にいって当たり前なのであって、それを褒められることはないのだ。そして裏方のほとんどの人は、スポットライトがあてられることを嫌う。

自己顕示専門の仕事を志した人間として、人に知られずにコツコツ仕事をする裏方になる気持ちは、ぼくにはない。

どうも人類には、裏人間と表人間という二つの人種が、はっきりとあるようだ。だが、裏方にはなれない性格のくせに、ぼくは長年、裏方の仕事に、すごく興味をもってきた。感謝の気持ちを持ち続けてきたなどと書くと、キザッぽいのでそういう表現はしないが、でもとにかく、裏方さんあってのわれわれなのである。

日常、オーケストラを指揮しているぼくのような人間でも、周りで働いてくれている裏方さんたちの仕事について、知らないことが沢山あることに気がつく。

音楽が好きで、音楽会へときどき足を運ぶような読者の方々に、彼らの縁の下のすばらしい働きぶりの一部分でも紹介できればと思い、この本を書き上げた。

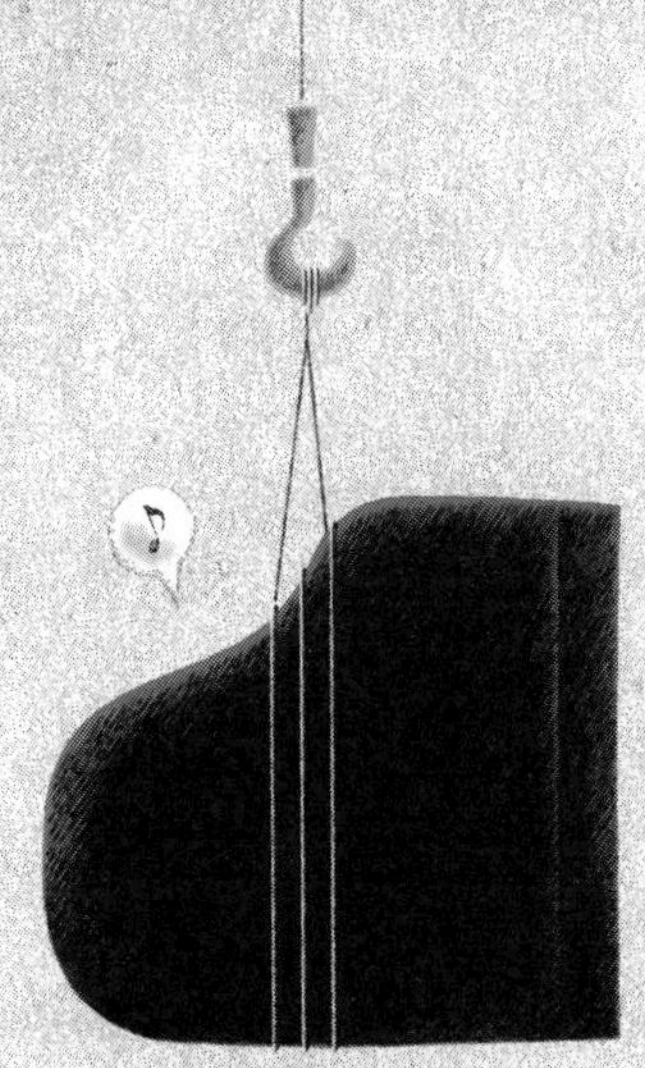

オーケストラの職人たち

レッスン１
裏方の大将は超多忙！

ぼくが指揮者として知っている、オーケストラの裏方さんの仕事について、書いてみようと思う。

つまり「オーケストラの裏方はどんな仕事をしているかを知ってもらうためのおけいこ」だ。

裏方というと、ステージの袖の陰で楽器を運んだり、聴衆の前に姿を見せないでゴソゴソ働いている人のことを思うかもしれないが、厳密に言えば、オーケストラの事務局の人たちは、みんな裏方なのだ。

裏方の典型的な代表であるステージマネージャーは、その一員というわけである。

オーケストラの事務局では、何人ぐらいの人々が働いているのだろう。ぼくも詳しく知らないので、調べてみた。

現在最も身近な、ぼくが音楽監督をしているオーケストラ・アンサンブル金沢（以下OEKと書く）の構成人員は、どうなっているのか。

OEKの事務局は、一六人で成り立っていた。オーケストラの楽員は四〇名である。今年（一九九八年）が創立一〇年の、日本で最も少人数のプロのオーケストラだ。音を出すメンバーが四〇人という室内管弦楽団にしては、音を出さない事務局員の数が、案外多いと思った。

わが国最大のオーケストラのNHK交響楽団（N響）はどうなのだろう。楽員は約一二〇名である。そして事務局員は二〇名だった。意外と少ない。一二〇名のオーケストラを二〇人の事務局で運営しているわけだ。

それに較べて、たった四〇名の楽員に一六人の事務局とは、OEKがノンビリしすぎているのではないか。大人数の楽員を世話しているN響の事務局を見ならうべきであると思う。

N響は大オーケストラだから、指揮者の送り迎えのための運転手もいる。このドライバーも事務局の一員だ。純粋な事務局員は、一九人である。両オーケストラは、一九：一二〇、一六：四〇ということになる。金沢はたるんでいるのではないだろうか。

N響は年間平均一四〇回の演奏会をこなしている。一口に一〇〇人のオーケストラというが、よほど大きな編成の曲でないかぎり、一回の本番のステージにのるメンバーは、七〇～八〇名である。

ＯＥＫは年間平均約一一〇回の演奏会をやっている。約三・三日に一回ということになる。

一方N響は、二・六日に一回の本番だが、一二〇人いるから、交代メンバーに余裕があるので、このスケジュールが可能なのだ。

交代メンバーのいないＯＥＫは、全員がフル回転だ。しかし楽員一人当たりの労働時間や休日の日数は、国民の権利として、きちんと守られている。読者の多くの皆さんには意外かもしれないが、現在世界中のほとんどのオーケストラの楽員は、ユニオンのメンバー、つまり組合員である。

今はこのことにふれないが、要するにオーケストラの大小に関係なく、事務局の人たちのそれぞれの職務の種類の数は、そう変わらないことがわかった。ＯＥＫの事務局は全員、すごく忙しい。

かれこれ四五年も、世界中のいろいろなオーケストラと仕事をしてきたのに、ぼくは事務局の人たちがどんな業務をしているのか、ほとんど知らなかったのに気が付いた。なんとなく手近にいる人に、ものを頼んですませてきたようなものだ。

指揮者もやはり音楽家なのだ、というヘンなことに感心する。つまり、世の中の細かいことを何も知らなくても、音楽バカとしてなんとなくやってこれたのである。

だから、この「裏方のおけいこ」は、自分自身のための「おけいこ」になる。俄然オモシロクなってきたのだが、こんなことに読者のみなさんが興味をお持ちになるか、まったく自信がない。

最も身近なOEKの事務局に、全員の業務内容を詳しく書いてもらった。細かくギッシリ文字が羅列していて、みんなの忙しさに感心し、あきれ、そしてウンザリした。

きっとどんな会社や官庁にも、これの膨大なのが存在するに決まっている。アホらしくて読む気にならないかもしれないが、まあ、オーケストラの裏方集団が何をやっているかを知るために、我慢して付き合ってください。OEKの文書は、まるでお役所言葉なので、味もそっけもない。そこで、ぼく自身にもわかるように、翻訳した。

事務局長の仕事のひとつに「ユニオンとの戦い」とあるが、もちろん原文ではない。しかしこう訳すと、事務オンチのぼくには、実にピッタリくるのである。『週刊金曜日』の編集部氏に、わかりやすくイラスト風に書いてもらった。

OEKが一六人、N響が一九人だから、世の中のオーケストラの事務局はこれぐらいの人数で、仕事の内容も似たりよったりだろう。

「オーケストラ・アンサンブル金沢」事務局の仕事

事務局16名

県庁の出向 → ○専務理事　統括、責任

→ ○事務局長　事業に関するすべてをとりまとめ、協賛関係すべて、ユニオンとの戦い、各界へ顔出す

金沢市役所の出向 → ○事務局次長　助成金、協賛申請等、団員との連絡、ユニオン対策

→ ○総務部長　経理部内とりまとめ、会計チェック、収支決算とりまとめ、事務局職員の規定、管理等

総務A
給料、ツアー旅費
社会保険、厚生年金
賛助会会計
事務局スタッフのスケジュール

総務B
収入、支出
計算、領収書処理
文具注文
ギャラ支払い等

総務C
オーディション
チラシ、ポスター配布
チケット配布
プレイガイド集金等

総務D
銀行へ行ったりきたり
友の会チケット発送
賛助会 〃
いろいろ買い出し等

県庁の出向 → ○事業部長　事業、公演とりまとめ、契約、渉外、交渉すべて　外国人契約、連絡

→ ○事業副部長　公演とりまとめ、広報関係、ビザ関係、チラシ等作成　収支まとめ

事業A
モーツァルト全集等の企画
エキストラ手配
室内楽100回分ものとりまとめ
楽員との連絡

事業B
指揮者ソリストスケジュール調整
VISA手配、外国人コンマス連絡
各公演担当、新人オーディション担当
パブリシティー般、スポンサーさんとのやりとり、雑用多数、マスコミ連絡

事業C、事業D
県ミュージックアカデミー担当
合唱団、ジュニアオケ
事業A、Bの補助
学校公演、招待券送付

ステージマネージャー
楽器関係、搬出、搬入、リハーサルスケジュール

ライブラリアン
楽譜手配、曲目解説　資料編成チェック等

日本の他のオーケストラと違う点は、ビザ関係を受け持つ人が何人もいることだと思う。OEKは、団員四〇名の約三分の一が外国人奏者という、インターナショナルな構成なので、こうなっている。「室内楽一〇〇回分のとりまとめ」というのは他のオーケストラにはないだろうし、専属の合唱団を組織しているのと、ジュニアオーケストラの育成のための仕事もあるから、それだけ事務局員の業務内容も増えるわけだ。

♪

東京の紀尾井(きおい)ホール専属ステージマネージャーの宮崎隆男さんは、日本の超々ナンバーワンの最高のベテランである。

一九五二年頃から、近衛管弦楽団、日本フィルハーモニー交響楽団のステージマネージャーとして活躍し、八六年からサントリーホールの専属で数年間働き、現在の紀尾井ホールに至る、ものすごいキャリアのプロである。われわれオーケストラ関係者は、マーちゃんと呼んでいる。『ポリフォーンⅣ・一九八九』誌の武田明倫(たけだあきみち)氏による「音楽人探訪」でのマーちゃんへのインタビューから引用する。ステージマネージャーの仕事は何かを、具体的に語っているので、実にわかりやすい。

〈……で、例えば会場練習が三時に始まるとしますね。するとステージマネージャーは、まずオーケストラの練習場に行って、トラックに楽器を積み、練習の二時間前までにホールに着いて、舞台のセッティングを始めるわけです。本番通りにきちんとセッティングして、照明を決め、稽古が始まったら、全部の曲の時間を計って、遅れて来たお客さんをいつ会場に入れるか――どの楽章の切れ目で入れるかというようなことを、コンサートマスターと打ち合わせする。そして本番が始まる前には、指揮者や演奏家がリラックスできるようにお世話するとかがあって、本番の時には、ステージのドアを開けて指揮者をステージに送り出すタイミングを決め、曲が終わると、またドアを開けて指揮者をステージから袖に迎え入れる。その間、照明の指示とか、アナウンスの指示を出し、演奏会が終わったら、舞台を全部片づけて、楽器をトラックに積んで練習場に運び、次の日の用意をする……と。だいたいこんなところが、われわれの一日なんです〉

十数年前まで、日本に世界一の感じのステージマネージャーが二人いた。このマーちゃんと、ＮＨＫ交響楽団の延命千之助（えんめいせんのすけ）さんである。まるでペンネームのような出来すぎた名前だが、本当の本名だ。

延命さんも、マーちゃんと同じ一九五〇年頃（昭和二〇年代の中頃）、Ｎ響の裏方になった。

彼は、たくさんの会社の会長やら社長をしていた、老齢のお父さんの後を継がなければならなくなり、約一五年ほど前に、泣く泣く約三五年間裏方の仕事をしていたN響をやめた。

現在、能登観光株式会社の会長だか社長、能登カントリーゴルフ倶楽部の経営とか、数えきれないほどの役職をやっているはずである。能登半島の三分の一ちかくを、支配しているのではないか。

ぼくが最も尊敬しているのは、延命さんの会社が、三田(さんだ)や神戸に代表される和牛の原型である能登牛を、数百頭、いまだに牧場で飼育していることである。

ぼくは会長とか社長、理事長を、多く兼ねているからエライ人なのかどうかに、あまり関心がないのだが、こんな人間が一五年前までの約三五年間ほど、エッサエッサとN響のコントラバスやティンパニーを、汗みどろで担いでいたのだ。

延命さんは、慶應義塾大学の文学部西洋美術美学科の出身である。マーちゃんは東京の下町のヤーさんの、かなりの上位のアンチャンだった。

昭和三〇年代の初期(一九五五年頃)は、マーちゃんとその界隈(かいわい)を歩くと、すれ違うコワそうなお兄さんたちが、

「オッ、アニイ!」

と、最敬礼するのだった。マーちゃんは、元・舎弟たちに、

「おう、元気にやってるか？」

なんて応えて、一緒に歩いていてすごく頼もしかったものである。

おかしな言い方だが、ぼくにとっての世界一のステージマネージャーは、延命さんとマーちゃん以外にも、たくさんいた。

ベルリン・フィルのバルトローク、ウィーン・フィルのラング、ゲヴァントハウス・オーケストラのクレム、バンベルク交響楽団のメアベルト……というように。

ぼくは、ほとんどのヨーロッパのオーケストラを指揮してきたが、何度も何度も、二〇年ぐらい毎年のように指揮してきた団体の中で、音楽への愛、仕事に対する機敏さ、冷静さ、人柄の温かさなどの総合点で、記憶に残るヨーロッパの世界一たちは、この四人である。四人とも故人になった。

アメリカのメジャーのオーケストラとは、縁が薄かったから、ニューヨークや、フィラデルフィアにも、それぞれの世界一がいるのだろうが、ぼくは知らない。

世界一のオーケストラには、必ず世界一の裏方がいるものだ。逆もまた真である。

日米のプロ野球では、素晴らしいプレーヤーたちと、立派なフロントが揃ったチームが、強力な監督のもとで優勝する。三輪のどれが欠けても駄目だ。音楽団体と野球は、まったく同じである。

♪

ぼくが「マーちゃん」こと宮崎隆男さんを、最初に知ったのは、一九五二(昭和二七)年の一月である。もう四七年付き合ってきたことになる。

当時ぼくは、東京藝術大学音楽学部器楽科打楽器専攻の一年生で、一月だから、三学期が始まった頃だと思う。近衛管弦楽団のティンパニー奏者にならないかと誘われ、参加してから三週間目だった。

ある朝、練習の始まるときに、オーケストラのインスペクターという、楽員の代表であり世話役でもある人が、目のクリクリしたイガグリ頭の青年を、みんなの前に連れてきて、紹介した。

「この男は『マー坊』。名前は宮崎隆男。今日からウチのボーヤです」

イガグリは、頭をかきながら、

「ヨロシクーッ」

と、威勢よく大声を出し、ペコリとお辞儀をした。

敗戦後まだ七年だった。ジャズの世界では、バンドボーイという言い方があった。楽器を運んだり、ステージをセットする裏方を、こう呼んだのである。

「坊ヤ」は「ボーイ」からきているのだろう。

バンドマンたちに、

「オーイ、ボーヤ、あれ持ってこーい！」

と、こき使われていた。

現在のジャズやポピュラー界では、どう呼ばれているのだろう。「女中」が「お手伝いさん」になったりしている世の中だから、「ボーヤ」なんて言っていないかもしれない。今度調べてみよう。

宮崎隆男がなぜ「マー坊」なのか、大昔に聞いた記憶では、オーケストラのバンドボーイだから「ボーヤ」で、宮崎のイニシャルMが「マー」になり、ボーイが「坊ヤ」で、つまり「マー坊」ということだった。

当時の東京のガクタイは、みんな「マー坊」と呼んでいた。四年後の一九五六（昭和三一）年に日本フィルハーモニー交響楽団が設立され、マー坊は新オーケストラに引っこ抜かれた。

創立指揮者の渡邉曉雄（わたなべあけお）さんが、

「ちゃんとしたステージマネージャーという仕事なのだから、『マー坊』はよくない、『マーちゃん』にしよう」

と、提案した。以来「マーちゃん」なのだが、日本フィル以前の彼を知っているわれわれの世代には、「マー坊」の方が懐かしい。

マーちゃんが近衛管弦楽団のメンバーに、新しい「ボーヤ」として紹介されたとき、ぼくはオーケストラに入って三週間目だったので、ぼくの方がこの世界では先輩だと思っていたが、実は彼の方がずっと古かったのである。

敗戦直後、米軍に接収された建物が、日本中にたくさんあった。東京の日比谷の第一生命ビルがGHQ（連合軍総司令部）本部にされたのが、代表的な例である。三宅坂あたりに、チャペルセンターというのがあったそうだ。どの建物だったのか、ぼくにはわからないが、米軍の将校専用のクラブだったらしい。

チャペルというからには教会だったのだろうか。しかし進駐軍が教会を接収するというのは、おかしい。これを書いている今、史実を調べるひまがなかったので、すべて「らしい」になってしまって申し訳ない。

とにかくその将校クラブで、N響の楽員たちが、ディナー・ミュージックのアルバイトをしていたのだ。一〇人ぐらいが、ブンチャッチャと、ワルツなんかを弾いていたのである。

このディナー・ミュージック・バンドのバンドボーイが、マーちゃんだったのだ。千住の方のアニイが、アルバイトをしていたわけである。

米軍施設でのアルバイトは、おいしいパンとか缶詰や、ラッキー・ストライクがもらえるので、アルバイトとして人気があった。

このヤクザのアンチャンのバンドボーイの仕事ぶりが、東京中のガクタイの評判になった。テキパキと機転のきく、素晴らしいバンドボーイぶりだったのだ。

　蛇足だが、「ガクタイ」とは、われわれオーケストラの人間が、誇りを持って、自分たちのことを称する言葉である。しかしガクタイではない普通のひとに、「あんたたちガクタイは」と言われたら、ムッとするのだ。

「ブンヤ」とか「ブンシ」、「ヤクニン」などと、共通のニュアンスだと思う。

ガクタイの評判が耳に入ったので、指揮者の近衛秀麿（このえひでまろ）さんが、自分のオーケストラの裏方に、引っこ抜いたのだった。

　そしてマーちゃんは、戦前、戦中の、ヨーロッパやアメリカでの指揮活動経験の長い近衛さんに、徹底的に、オーケストラの裏方として、仕込まれたのだ。

　ヤクザのアンチャンの足を洗った、戦後第一号の真の裏方が、誕生したのだった。

♪

　先程、マーちゃんこと宮崎隆男氏が「ステージマネージャーの仕事は何か」について語っている長いインタビューから、少しばかり引用した。

　その中で、指揮者のためにする仕事は、たった三行だった。

「本番が始まる前には、指揮者や演奏家がリラックスできるようにお世話するとかがあって、本番の時には、ステージのドアを開けて指揮者をステージに送り出すタイミングを決め、曲が終わると、またドアを開けて指揮者をステージから袖に迎え入れる」

と、簡単なものだ。

ぼくが引用したのは一一行だったが、『ポリフォーン』誌のオリジナルは、一〇〇行以上あったのだ。

長年指揮者をやっているぼくでも、ステージマネージャーは、こんなに沢山の細かい仕事をやっているものかと、感心した。

しかし指揮者のための仕事が、その何十分の一だったのには、もっと驚いてしまった。ぼくにとってマーちゃんは、世界一の裏方の一人である。一緒に仕事をするときの彼の働きぶりを、指揮者として、こちら側から見ていただけだったのだ。

「指揮者や演奏家がリラックスできるようにお世話するとかがあって」と、あっさりの部分だけしか知らないで、彼の天才ぶりに長い間感心してきたわけになる。

指揮者へのサービスだけを見てきたことを、恥ずかしく思った。楽器の運搬や配置、オーケストラの楽員全員への配慮等、認識不足のぼくが思っていたよりも、何十倍の天才だったのである。

マーちゃんだけにかぎらず、ぼくの知っている世界一の裏方たちは、みんなこのような神経の持ち主なのだ。

前に書いたように、世界一のステージマネージャーがいるオーケストラは、必ず世界一流である。逆もまた真だ。

ぼくには、やはり指揮者から見たマーちゃんのスゴサしか、語れない。

ステージでぼくは大汗をかきながら、指揮している。燕尾服(えんびふく)のシャツの中はグショグショである。それは仕方がないが、アゴからポタポタ汗がたれているし、ときには顔を振ると、弦楽器の前の方の奏者たちに、ぼくの汗がふっ飛ぶのだ。

最近は歳のせいか、少しばかり汗の量が減ったが、二、三〇年前は、音楽会の休憩のとき、燕尾服を替えたくらいだった。

上着が、汗をたっぷり含んで、腕が思うように動かなくなってしまうのだ。搾(しぼ)ると、ジャーッと汗が床に流れた。バケツに雑巾を搾るのと同じだった。

大袈裟な、と思うかもしれないが、ウソではない。音楽会の前と後では、体重が二・五〜三キロ違っていた。恥ずかしいが、それだけの汗を出したわけである。

コンサートマスターや、横のバイオリン奏者が、本番中アッと目をおさえることなんか、ザラにあった。ぼくが撥(は)ね飛(と)ばした汗だ。その度に、ぼくはスミマセンと心の中で詫びながら、腕を振り回していた。この曲が終わったら、袖に戻って顔の汗を拭(ぬぐ)いたい。それればかり思って指揮していたようなものだ。

ぼくはお客さんの前では、絶対に汗を拭かないことにしている。ハンカチで拭いきれる量ではないし、客席の前の方の人たちはともかく、お客さんのほとんどには、ぼくの汗は見えないわけである。

だから拭く動作を見せたくない。燕尾服の上着に、内ポケットをつけていないし、ズボンもポケットなしである。

うんと太っていた頃は、ポケットのための布二枚分の厚みでも、減らしたかったが、それよりも、ハンカチを入れる誘惑から、身を守るためだった。入れておけば、やはり拭いてしまうだろう。

あと一、二分で曲が終わろうという頃は、音楽のクライマックスを盛り上げようとしながら、袖に戻って汗を拭くことばかりに憧れている。

その日の汗の感じで、ステージ横にたどり着いたら、冷たいおしぼりで顔を拭きたい、と思うことがある。

袖にヨロヨロ戻る。マーちゃんがサッと、氷みたいに冷たいおしぼりを、差し出してくれる。きっと何本も用意しているのだろう、拍手の出入りの度に、新しい冷たいのを渡される。もちろん、すぐ拭けるように、拡げてある。

ときには、乾いたタオルで、顔をゴシゴシやりたい、と思う。その瞬間に、乾いたのが出てくる。マーちゃんは、袖から指揮台のぼくを見ていて、冷たいのをとか、乾いたのを欲しいと思うぼくの心を読んでしまうらしい。

心眼としか、思えない。

彼がステージマネージャーをやっているオーケストラを指揮するのは、いつも、本当に嬉しいことだった。

レッスン2

ピアノとハープの大移動

楽器という物体は、いつもいつも、持ち運ばれる運命にある。

オーケストラのバイオリニストは、プロフェッショナルもアマチュアも、練習や本番の行き帰りに、必ず楽器のケースを手にしている。バイオリニストと言えないような子どもたちも、レッスンに行くときは、四分の一とか八分の一のかわいいケースを、嬉しそうに持っている。つまりバイオリンは、常に運ばれているのだ。

プロのオーケストラの演奏旅行の場合、経済的に豊かな団体は、団員の楽器のための共同のケースを用意しているので、楽員たちはそれに預けて移動すればいい。

しかしある程度以上の高価な楽器を持っている人は、自分で持って旅行する。任せることなんかできないのだ。必ずしも値段の高さとは、関係がない。自分の楽器のコンディションに神経を使う人、あるいは敢(あ)えて言えば、良心的な音楽家は、他人に楽器を預けたりしない。

ソリストたちは、もっと徹底している。出迎えた人が、持ってさしあげようと親切に手を出しても、絶対に預けない。一流のソリストの楽器は何億円もする。だがそれだけが理由ではない。他人の運び方を信用できないのだ。それほどピリピリ、楽器のコンディションに神経を使っている。

レストランでは、ボーイさんがどんなに勧めても、楽器を預けるのを断り、楽器を膝ではさんだりしながら、不自由な格好で食事をしている。

とにかくバイオリニストには、お持ちしましょう、などという親切を言ってはいけない。放ったらかしておくのが、礼儀なのだ。バイオリニストにかぎらず、ビオラやチェロの奏者も、原則として同様である。

だがコントラバス弾きは、ちょっと違う。楽器が大き過ぎる。仕事の行き帰りに、いちいち担(かつ)いで行くのは大変なので、仕事場に置きっぱなしにする人が多い。自宅に練習用を置いている。自分の車に積み込んで移動するコントラバス弾きも、かなりいる。器用なもので、小型車に、あの大きな楽器を斜めに入れて、不自由な姿勢で運転しているのには、感心する。

あんな図体のデカイ楽器を好きになってしまったのだから、バス弾きは、もともと変わった人間なのだろう。

木管や金管の奏者も、普段は自分で持って歩く。一番大きいテューバだって、ケースに入れたときの重量はかなりのものだが、コントラバスの大きさよりは、ましである。車に積むのは、難しいことではない。

総じて管楽器の奏者には、演奏旅行のときに、楽器をオーケストラの共同ケースに預ける人間が多い。管楽器は一種の機械だからだろうか。一〇〇年も二〇〇年も前に手作りで作られた弦楽器とは違う。それに較べれば、値段も安いからと言ったら、怒られるだろうか。

打楽器奏者たちは、かなり違う。最低二個、普通四個でセットになるティンパニーを、自力で運ぶことはできない。バスドラムも大き過ぎる。野球場でドカンドカンやるくらいのならともかく、プロのオーケストラで使う楽器は、とてもデカイのだ。

こういう楽器の場合、プレーヤーはオーケストラが所有しているものを使う。個人的なアルバイトのときも、放送局やスタジオに置いてある楽器を叩いている。

われわれが「小物」と言っている小太鼓とかシンバルとか、トライアングルやタンバリン等も、オーケストラやスタジオの備付けを使うことが多い。

しかし、少数の打楽器ソリストたちは、大変である。ときには百数十個の楽器を使ったりする。全部自前である。こういう人たちは、ステーションワゴンを改装したり、小型トラックを運転して、仕事に行く。毎日が引っ越しみたいなものだ。

とにかく楽器は、いつも運ばれているわけである。例外は、ピアノだ。全国でどのくらいの数のピアノがあるのか知らないが、演奏とかレッスンのために、自分のピアノを運んで行く人間は、絶対にいないと思う。ぼくが知っている限り、世界中で三人のピアニストだけだ。ミケランジェリとホロヴィッツとヴァイセンベルグだった。主催者は、途方もないお金を負担させられていた。でも、超々の大物だったから、仕方がなかったのだ。他の世界中のピアニストは、自分の楽器で聴衆のために聴かせてあげることができないという、悲しい運命を悟って、諦めてきたのである。

全てのピアノは、一生をその家庭で過ごす。重い家具でもある。移動は引っ越しのときだけだ。ピアノ運送の、すごいプロフェッショナルが、世界中にウヨウヨいる。もう一つの大きな楽器のハープの運搬も、テクニックのあるプロだけにできる仕事だ。重要な裏方である。

♪

つれあいのピアノが歳をとった。とても出来のよいヤマハのセミグランドだったが、三〇年も使っていたのだから、無理もない。

普通の家庭のピアノなら、一生もつどころか、火事や地震に遭わないかぎりは、二代も三代もというように長生きするものである。

しかし、つれあいはピアニストなので、家にいるときには、毎日何時間も練習する。ときには一〇時間以上も弾くことがある。三〇年とは、よくもったものだ。

今度はスタインウェイのセミグランドを買うことになった。

ぼくの住まいは、四階にある。外から見ると三階建ての小さなビルだ。三つの家族が、それぞれひとつのフロアーに住んでいる。

道路から階段を数段降りたところに、共通のエントランスがあり、ここはいわば、半地下である。入ってから右の狭い階段を八段登り、小さな踊り場を折り返して、もう八段登ると、一階の家族の入口がある。同じことを繰り返して、三階半のぼくのフロアーに着く。なぜこんな当たり前のことをクドクド書くかというと、ピアノ運送のためには、かなりキビシイ建物だと、言いたかったからだ。

グランドピアノを運び込むときは、もちろん三本の脚をはずす。二人か三人のプロが、ピアノの端に掛けた太いベルトを肩に掛け、ウッショ、ウッショと階段を運び上げるのである。

二〇年ほど前にこの家を建てたとき、つれあいのピアノは一〇歳ぐらいだったが、運び込むのが大変な作業だったそうだ。そのときぼくは、日本にいなかったので、現場を見損ねた。

今度こそと、ぼくは張り切っていた。古いピアノを運び下ろし、それから新しいのを運び上げるわけだから、もっともっと大変だろう。プロだとはいえ、ピアノ運送業のひとは、御苦労なことである。同時に、プロフェッショナルの作業を見物したいという、野次馬としてのワクワクもあった。

ぼくは奥の部屋で、原稿を書いていた。ピンポーンが鳴った。ピアノの運び屋さんたちが、着いたらしい。

リビングルームは、つれあいの練習室でもある。テーブルや椅子とかソファを片づけて、ピアノ移動のための場所を作っているらしい。少しガタガタしていた。三〇分ぐらいしたら、最初の運び出しを見にゆこう。

二〇分も経たないころ、ピアノがパラパラーンと鳴った。きっとつれあいが、長年付き合ったピアノに、別れを惜しんでいるのだろう。そろそろ見物とするか。

リビングルームに入って、タマゲた。あたらしいスタインウェイがデーンと置かれているではないか。

ピアノの運び屋さんは、一週間前、下見にきたのだそうだ。運送計画を練るためである。

ぼくの家のリビングルームの、道に面した側には、狭く細いベランダがあって、約一・三メートルの高さの手すりがついている。部屋からはガラスの戸を開けて出る。

手すりのちょっと外の、部屋の天井より少し高いところに、かなり太い電線が三、四本架かっている。家が三階半だから、電柱の高さと同じぐらいなのだ。

これを調べて、ピアノの搬出、搬入計画を作ったわけである。

運送屋さん五人が、二台の中型クレーンと小型トラック一台でやってきた。トラックには新品のピアノが積んであった。

二人がリビングに上がってきて、ベランダから道に合図をする。空のクレーンが上げられ、手すりを越えたところで停止する。傷がつかないようにマットでくるんだピアノを、クレーンに繋（つな）ぎとめる。

電線に引っ掛からないように注意しながら、クレーンを持ち上げてピアノを外に出し、グーンと道まで降ろす。この間に新品のピアノは、もうひとつのクレーンに繋がれている。

古いピアノが道に下りると同時に、新しいピアノが持ち上げられ、同じ経路を逆にリビングに入ってくる。外してあった脚を取り付ける。元のピアノの位置に、新しいのが置かれる。

たった二〇分足らずで、新旧のピアノの交代が終わり、ピアノの運び屋さんたちは、古いのをトラックに積み、二台のクレーンと一緒に帰って行った。

古いピアノは、まだ十分使えるので、オーケストラ・アンサンブル金沢の練習所の中の、少人数用の練習室に寄付した。

つれあいがパラパラーンと弾き初めしたときに、ぼくが覗きに行ったのだった。だからぼくは、この面白いオペレーションを、見損なってしまったわけだ。全て、つれあいから聞いた話である。

もうあと二〇年ほど、ピアノの交代をしないだろうから、悔しいが、ぼくは一生こういう現場を、自宅で見ることができないのだ。

プロの運び屋さんは、すごい。

♪

三年前（一九九五年）、長い間ウィーン・フィルハーモニーの第二バイオリンの首席だった人が、亡くなった。ぼくのオヤジのような存在だった。

この六月に、二回目の墓参りをした。ウィーン郊外の彼の別荘の近くに、墓がある。いつもそのあと、彼の息子の家で、彼の奥さんと建築家の長女と、みんなで飲み、食べ、かつ騒ぐ。

息子はもう四〇歳で、脳外科の医者である。アマチュアのチェロ弾きだ。医者仲間で弦楽四重奏団を組織して、ヨーロッパやアメリカを演奏旅行したり、ＣＤを何枚か作っている。

この間の墓参りのあと、彼のアパートのリビングの端に、スタインウェイのセミグランドが、デーンと鎮座していた。

「どうしたんだ？」

「半年前に、中古品を友だちから買ったんだ。すごく調子がいいピアノだったんで」

「こんなアパートの七階まで、どうやって運び上げたんだ？」

ウィーン中心部には、石造りのがっしりした六、七階建ての建物が、整然と並んでいる。オーストリア・ハンガリー帝国時代に、ハプスブルク家の強力な独裁の下に遂行された、都市計画である。

六、七階建てといっても、日本でいえば、八、九階である。玄関はパルテレといって、道路と同じ高さだが、階段を登るとメッァニー（半分の階）がある。日本流にいえば、中二階だ。

ここに昔風の、小さい二、三人乗りのエレベーターがあるが、大抵は壊れていて、一歩一歩階段を登らなければならない。たまに動いていると、扉をガチャガチャ自分で開けて閉める超手動なので、楽しい。

各階に四つのがっしりしたドアがある。それぞれが四ＬＤＫぐらいの、大きな住居である。一階がすでに日本流の三階だから、七階の家庭を訪問すると、日本流の九階まで、フーフーいって登らなければならない。

合計三二のフラットが一軒のアパートで、こういうのが共通の中庭を囲んで、四軒でブロックを作っている。

アマチュアのチェロ弾き脳外科医のフラットは、六階と七階を、階上階下として使っているから、つまりテッペンに住んでいるわけだ。

五歳と二歳半の男の子が、駆け回っている。妻は同じ大病院で働く、小児科の医師だ。

六階の彼の家の玄関の階からは、ごく狭い木の階段で上に登る。天井の上は建物全体の屋根だ。

大きなリビングには、かなり広いベランダが続いている。

ここには屋根がないので、屋上庭園を作って、いろいろな花を咲かせている。バジリコとかトマトも作っていて、こういう屋上のベランダは、アパートに一つしかない。これが嬉しいので、脳外科医夫婦は、毎日何度かの階段の登り降りを厭わないのだ。

「ここまで、どうやってグランドピアノを運んだんだ？」

「うん、ピアノ運送屋は下見にきたとき、六階まではともかく、家の中の狭い木の階段は、ピアノには不可能だと、言っていた。でもなんとかなるでしょう、と帰って行った」

約束の日に、運送屋が一人でアパートにやって来た。

ベランダに面しているガラス扉を全部外し、植木鉢などを横に寄せた。

「携帯電話で、道路にいる仲間にいろいろ指示していた。しばらくしたら、空からピアノが降りてきたんだね。びっくりした」

ベランダは九階建てのアパートの内側の中庭に面しているのだ。表の道路に、大きなクレーン車が来ていたのである。

ぶら下げたピアノを、ゆっくりクレーンで持ち上げ、九階建ての屋根のはるか上を越し、ベランダにいるおじさんが携帯電話で、クレーンの動きを細かく指示する。高い屋根を越したら、道路側のクレーン操作者には、もう何も見えないのである。

「ピアノが、見事にゆっくり、ベランダに降りてきた。しばらくしたらクレーンを動かしていた仲間が、階段を登ってきて、二人でピアノをクレーンから外して、リビングに運び込んだわけよ」

一人がまた下に降りて行き、ベランダ側の電話の指示で、クレーンを屋根越しに道路まで戻し、そのおじさんは、料金を受け取って帰って行ったそうだ。

「二、三〇分とかからなかった。信じられない。あきれたよ」

音楽の都の、古くさくて能率の悪いウィーンに、こんな機械化作戦があるなんて、思ってもみなかった。

街中のピアノの普及率は、世界で最も多いだろう。しかも中心部は、日本流の九階建ての建物だけなのである。運送屋さんたちは、ベートーヴェンの頃から苦労していたにちがいない。

ウィーンにも現代があった。

♪

自宅で嬉しくおけいこをしているだけの、アマチュアのお嬢さんのハープはともかく、プロフェッショナルのハーピストの楽器は、常に運ばれ、移動されている。プロフェッショナルでなくても、アマチュアのオーケストラで弾いている人たちの楽器も、自宅と練習場や本番の会場の間を、いつも運ばれているわけである。

ピアノの運搬は、まず絶対に、専門の業者でなくては、不可能だ。ただピアノは、コンサートホールや学校や家庭に、一度落ちついたら、その後は滅多に移動されることはない。

ハープという楽器の場合、移動の頻度は、他の弦楽器や管楽器と同じくらいだが、専門の業者に頼む以外は、素人の運搬はほとんど不可能なのだ。

この楽器は、非常に繊細な機械装置である。つまり壊れやすい。

もちろん、移動のときは、頑丈なケースに入れる。これが人間が入れるくらい大きくて、北海道を細長くつぶし、小樽のあたりを底にしたような、不思議な形をしている。ケース自体が、かなりの重量であるし、中に入れるハープが相当に重い。

もっともハープ奏者たちは、オーケストラの中で、楽器を一、二メートル移すとき、両腕でヨッコイショと持ち上げたりしている。それ以上の距離は、ステージマネージャーと二人がかりでないと、無理だろう。

みなさんが、音楽会やＴＶやコマーシャル等で目にするハープ奏者は、女性だけだろうと思う。ぼくが知っているかぎり、現在日本で、現役の演奏活動をしている男性のプロフェッショナルは、一人だけである。アマチュアについては、ぼくは知らない。世界中、男の奏者は、ものすごく数が少ないから、ほとんどの人は、ハープは女性の楽器だと思っているのではないか。なんとなく、女性が弾くのにふさわしい感じがあることは、たしかだ。

この「感じ」が、差別的だと怒られたら困るのだが、ＴＶで美しいグリッサンドの音の波を奏でるのが、がっしりした男の手では、どうだろうか。やはり美しく柔らかい女性の手が、音にふさわしく思える。

しかし不思議なことに、古代エジプトの壁画に描かれている、ハープ演奏の絵は、男の奴隷にかぎられている。女の奴隷は笛などを吹いているから、当時のハープは、男の楽器だったのだろう。

戦前からの、世界的に有名なハーピストは、男女の数がほぼ同じだった。現在は、圧倒的に女性である。自然にこうなってきたとしか、説明できない。だからハーピストは、みんな、すごい力持ちである。

実はハープの演奏には、指や腕に、とても大きな力が要る。長年の鍛錬でこうなるのだ。

ぼくのつれあいの妹は、ハーピストである。家の模様替えのとき、家具の移動は、彼女の専門、ということになっていた。きっと、力の入れ方のコツというか、要領を、長年のハープとの付き合いで、会得(えとく)しているのだろうが、とにかく力持ちである。

もっとも、ピアニストのぼくのつれあいも、やはり腕の筋肉の力は、並ではない。

指揮者は、一日中腕を振る、という体操をやっているようなものだから、力持ちと思われているかもしれないが、ハーピストやピアニストには、全然かなわない。力を抜いて空中で振り回しているだけでは、筋力の増強にならないのかもしれない。

いずれにしても、楽器奏者はまぎれもなく、スポーツマン、スポーツウーマンなのだ。

しかしハープの移動、運搬は、ピアノと同じく、完全にプロの仕事である。ハープ運送だけを専門にしている会社はないだろうが、この楽器の扱いに慣れていて、プロフェッショナルとして働いている運送会社が、わが国の大きな都市それぞれに、一つか二つある。

敗戦後数年経つまで、日本にはそのような専門家がいなかった。

ハープの数も、わが国全体で数台だったろうし、ハーピストといえる存在も皆無に近かったのだ。

戦前、戦中は、東京に二人、大阪に一人、といわれているが、本当のことはわからない。

東京の一人は、ずっとトーキーの仕事で働いていたオジサンで、現在のＮＨＫ交響楽団の前身の日本交響楽団のハープは、この人だった。そして、ハープが二本のときは、先年亡くなった指揮者の山田一雄さんが担当したそうである。ご自分の指揮ではないときは、これでよかっただろうが、巨匠がハープ二台の曲を指揮したときは、どうしていたのだろう。あと何人かのハープ弾きがいたのだと、想像する他はない。

日本第一号のハープ運送会社は、東京・参宮橋の「田中陸運」である。

戦後まもなくＮＨＫ交響楽団は、ウィーンから四人の若いミュージシャンを、二年間の契約で招聘した。外国の優秀な音楽家を、メンバーとして迎えたのは、初めてのことだった。

ウィーンから来たのは、コンサートマスター、オーボエ、クラリネットとハープの、四人だった。

ハープのヨセフ・モルナールだけは、N響との契約を終えた後も、そのまま日本に残って活躍を続けた。

ウィーン・フィルハーモニーは、モルナールを入団させようとして、何度も、何度も勧誘したが、彼は日本が好きになってしまって、断り続けたのだった。

当時からヨーロッパでも男のハープ奏者の数は、非常に少なかった。オーストリアでは、男のハーピストというと、多分、モルナールともう一人ぐらいのものだったろう。

ウィーン・フィルには、オーストリア人以外の音楽家をメンバーにしないという、鉄則があった。

しかも、女性を絶対に入れない伝統を、守っていた。

二、三〇年前までは、女性を入団させないオーケストラが、世界中にかなりあったが、時代の趨勢で、徐々に減ってゆき、女人禁制のオーケストラは、ウィーンとベルリンの両フィルハーモニーだけぐらいになっていた。

ベルリン・フィルハーモニーは、一〇年ほど前から、女性を入れるようになり、現在は数人、女性の団員がいる。これだって、もっと以前に、女性を入団させないという規則を撤廃したのだが、入団試験で、常に女性奏者を合格させなかったのだ。

こうやって「男だけのオーケストラ」を保ってきたのだが、女性の素晴らしい音楽家を入れなければ、世界一のレベルを維持できなくなってきたのである。

ウィーン・フィルだけが最後まで「男の砦」を守ってきた。九七年に、アメリカのウーマンリブの団体が狼煙を上げた。ウィーン・フィル公演ボイコット運動が、アメリカからヨーロッパに広がった。オーストリア政府の勧告にも、ウィーン・フィルは頑なに従わなかった。それならばオーケストラを解散させるという、政府の強圧で、ウィーン・フィルはついに女人禁制の制度を変えたのだった。といっても、二、三〇年前から、ハープが二本必要な曲では、第一奏者の奥さんのハーピストが、エキストラとして常に演奏していたのである。ただ、絶対に、正式のメンバーにしなかっただけなのだ。要するにウィーン・フィルでさえ、長年、女性の奏者なしでは、成り立っていなかったのである。

国籍の問題は、最近、少し柔軟に変わってきて、外国人奏者が数人、入っている。純粋にオーストリア人だけでは、レベルを保てなくなってきたわけである。ただし、白人に限っている。

入団試験では、受験者はカーテンの向こうで演奏させられる。ビオラのオーディションで、断然巧かったのが、蓋を開けたら日本人とわかって、取り消したことがある。

ウィーンの新聞記者が、差別反対の大キャンペーンを張ったが、結局この日本人を入団させなかった。東洋人がいると、ウィーン・フィルの「感じ」がでない、というのである。今はこれ以上、このことに触れない。

当時のウィーン・フィルは、それだけ、男のハーピストのヨセフ・モルナールを欲しかったわけだ。

オーストリア人――特にウィーン人、そして男という条件を満たす人間は、世界中でモルナールだけだったのである。

別に、特別なテクニックの持ち主であるわけではない。あれだけウィーン・フィルに口説かれても、なぜ振り続けたか、少々理解に苦しむところだが、日本に残りたかったのだ。

モルナールが、N響のメンバーとして初めて日本に来た頃の、わが国のハーピストの数は、かぎりなくゼロに近かったが、現在、日本ハープ協会会員のプロフェッショナル、セミ・プロフェッショナルは、二〇〇人をはるかに超えている。アマチュアの人数は、膨大である。全員が、彼の教え子、孫弟子あるいは曽孫弟子である。

日本のハープ界は、彼が造ったのだ。今も元気で、忙しく教育活動を行なっている。

約五〇年前に、N響がモルナールのための家を参宮橋の近くに借りたのが、「田中陸運」のその後の運命を大きく変えてしまった。

あるときモルナールが、近所のこの小さな運送屋にやってきて、片言の日本語で、ハープの運搬を頼んだのである。

「ハープ、トーテモターカイデースネ。コーワサナイヨニ、オーネガイシーマス。サンビャークマーンエンモシーマスー」

スタッフは仰天した。

♪

勇気を出して、告白してしまう。実はぼくは、岩城宏之にいつ告訴されるか、ビクビクしながら、この「裏方のおけいこ」を書いている。

いくつかの話は、ネタ本からの流用なのだ。「裏方のおけいこ」の前に連載した『指揮のおけいこ』（文藝春秋刊）でも、何回かこのネタ本の世話になった。

ネタ本は、一九九〇年に出した、岩波新書の『フィルハーモニーの風景』なのである。著者は岩城宏之。

全編、オーケストラの裏方のことを書いた。この「裏方のおけいこ」を始めてから、シマッタと思ったのだが、オーケストラの裏方の種類は、無限にあるわけではない。どうしても『フィルハーモニーの風景』とダブッてしまう職種が出てくる。

同時にぼくの本は、「裏方のおけいこ」のための、最良のネタ本でもある。どうしても時々、自分の本から話を盗んでしまう。

もし、ぼくの岩波の本を読んだ方がいらっしゃったら、同じ話をヌケヌケと書いていると、怒っておいでだろう。本当にごめんなさい。

しかし、いくらなんでも、まる写しをやっているわけでは、ない。以前に書ききれなかったことを拡大したり、細かくしたりしている。

対象が同じ裏方さんなので、前とは反対のことを、書くわけにもいかない。岩波書店に告発されないことを祈りながら、ネタ本の存在を告白する。

ぼくの本の一二一ページから一六四ページまでが、「ハープの運び屋さん」という項目である。世界でもっとも忙しいハープ運送業の「田中陸運」のことを書いたのだった。

一五、六年前、ぼくはこの田中陸運の仕事ぶりを取材したくて、臨時のアルバイト見習いにさせてもらって、朝七時四五分から、夜の一一時まで、まる一日行動を共にしたのだった。

あれから一五年経っている。今はどんな風にやっているのだろう。当時、楽器運搬の主任だった田中諄(たなかじゅん)さんに電話したら、現在は四トンの中トラック四台と、二トンの小トラック一六台で営業しているそうである。

取材した時は、四トン一台、二トンのいすゞディーゼル一八台だったから、大きな会社になったとも言えるし、ほとんど同じ規模だとも思える。

本来は引っ越し屋さんで、ハープや他の楽器を運ぶ仕事は、全体の二〇〜三〇パーセントである。このシェアは一五、六年前と変わらないそうだ。要するに、こう言っては失礼だが、運送業として、典型的な零細企業である。

しかし楽器の運送、とくにハープの運搬に関しては、都内、いや、日本国内唯一の専門店である。年間に扱うハープの数は、おそらく世界ナンバーワンだろうと、一五年前に取材を申し込んだときに会った、専務の田中昭夫さんが笑っていた。

この専務さんの親父が戦前に引っ越し屋を始め、息子たちが手伝い、そのまた子どもたちが成人して一緒に働くようになった。

正社員は一〇名足らずで、大勢のアルバイトを使って運営している。同族会社だから、社内は田中さんだらけである。アルバイトたちは、昭夫さんとか、諄さんと呼ぶように教えられる。専務、課長というような呼び方が、田中陸運の人たちは嫌いなのだ。

アルバイトの若者たちも変わっている。ふとしたことでハープ運搬を手伝うようになり、そのまま一〇年も続けているのがいる。

もともと音楽が好きで、舞台の袖で演奏が終わるのを待っている間に、たくさんの音楽が聴けるのがうれしいのだ。

何年も、何年も、アルバイトを続けるのである。オーケストラの楽員に友達はできるし、ハーピストにもいっぱい知り合いができる。正真正銘の音楽界の人間になった気でいる。会社も、何度か正社員になるように勧めたそうだが、その気はなく、いつまでもアルバイトがいいらしい。

いつもおなじオーケストラに楽器を運び込んでいると、ステージの上に譜面台を並べたり、指揮者にタオルを渡したり、まるでステージマネージャーの一員になったつもりである。

自分が田中陸運のアルバイトなのか、オーケストラの裏方のひとりか、区別がつかなくなってしまうのだ。田中陸運のアルバイトには、代々こういうのが多い。

田中陸運の事務所の近くにハープ奏者モルナールが住んだことは、この引っ越し屋の運命を、大きく変えることになった。

まだオート三輪しかない時だった。荷台にロープを何本も張り渡した。その上にハープをねかせ、都内の穴ぼこだらけの道路でハープがピョンピョン跳ねるのを、モルナールが必死に押さえながら、東京中を走り廻ったのだった。

レッスン3

一日アルバイトをやってみた

約五〇年前［編集部注・昭和二〇年代］、NHK交響楽団（N響）のハープ奏者ヨセフ・モルナールの楽器を、初めて都内で運搬した頃の田中陸運のオート三輪の荷台には、屋根がなかった。

本来の業務は引っ越しである。ハープを運ぶとき、雨の日は、荷台をビニールのカバーで覆ったのだった。いや、ビニールは当時まだ存在しなかった。油紙を荷台に被(かぶ)せたのである。

都内の穴だらけの道路を、オート三輪はガタガタ走る。振動からハープを守るために、クッションとして、何本も荷台に張り渡したロープの上に載せる。楽器はピョンピョン跳ねる。それを押さえつけながら、しがみついて運ばれてゆくモルナールの姿を想像するだけでも、笑ってしまう。

雨の時は、雨合羽（あまがっぱ）の彼が必死になって、ハープが濡（ぬ）れないように、カバーを押さえ続けたのだ。涙ぐましい光景である。

ハープをケースに入れて運べば、一応、雨から守ることはできる。しかしオート三輪には、ケースが大きすぎたのだった。

その二、三年後に、田中陸運は二トン積みの箱型の小トラックを買い入れた。荷台が屋根つきの、全天候型になった。

ロープは切れやすかった。だがこれは、田中陸運のだれかが、古タイヤをクッションにすることを考えだして、解決した。

古タイヤを何個も敷き、その上にハープを入れたケースを置く。毛布と布団で覆い、全体をロープでしっかり固定する。着いてからハープを運ぶためのカートも、荷台に積んでいる。

大進歩、大改良である。これ以来、半世紀ちかく、ほとんど同じやり方のままである。

モルナールも、運転台の助手席に座って、目的地まで行けるようになった。東京の西も東もわからない彼には、田中陸運のトラックで会場に着くのが、安心なことだった。

モルナールがN響との契約を終え、目黒の方に引っ越したので、田中陸運はホッとした。もうあの難しい品物を、運搬しないですむのだ。

彼がこのまま東京に留まるにしても、今度の家の近所の運送屋が、大変な目にあうわけだ。

しかし、そうは問屋がおろさなかった。

モルナールは引き続き、気心の知れた田中陸運に、運搬を依頼してくるのだった。教え子も、どんどん増えた。

こうして、楽器の運搬なら田中陸運へというのが、ハーピストたちの常識になってしまった。結局同社は、世界で最も忙しいハープ運搬業者になってしまったのである。

今から一五年前の一二月、ぼくはまる一日、田中陸運の仕事に密着取材させてもらった。名目は臨時アルバイトということになったのだが、押しかけアルバイトは、手伝っても邪魔になるばかりだろうから、一日中、おとなしく見学することにした。

参宮橋の田中陸運の事務所の近くに、同社の駐車場がある。朝七時四五分の集合時間に、ぼくは緊張して、うんと早めに着いてしまった。だいぶ間があった。まだだれも来ていない。一二月中旬の早朝は、すごく寒かった。

近くの歩道に立っている、自動販売機にコインを入れ、ホットコーヒーを飲んだ。

数分経って、駐車場を見ると、作業服の人たちが大勢集まっていた。ぼくは慌てて、紙コップを、そばの屑籠に投げこんだ。

「私の車に乗って下さい」

田中陸運の専務の甥の、田中諄さんだった。あの時、もう一五年この仕事をやっている、と言っていたから、現在は、三〇年以上のキャリア、ということになる。今でも時々、演奏会のステージ裏で見かけるから、社長になった今でも、現場で働いているのだろうか。

二トン積みのいすゞディーゼルが一八台と、それと横に「Japan Philharmonic Orchestra」と大書してある、一台のジュラルミン仕様のピカピカの大きな箱型のトラックで、駐車場はひしめいていた。

金網の戸が開かれ、合計一九台のトラックが、前進後退をくりかえし、一台ずつ通りに出て行く。そのまま、五〇〇メートルほど離れた事務所に直行するのだ。田中陸運の事務所は、狭い路地にあるので、トラックが二台停まるのが、やっとである。

うまくしたもので、駐車場から全部のトラックが一度に出ることはできないから、二人の運転者が、事務所の中で、専務の昭夫さんに、この日の運送スケジュールをもらい、順序よく発進して行くのだった。

ぼくが同乗する諄さん運転のトラックには、スニーカーを履いた若くてたくましい、本物のアルバイト青年が乗っていた。

なぜか、スニーカーの両方のかかとを、縦に少し切っていた。

♪

ハープ運送の仕事を、まる一日取材するからには、邪魔になるだろうが、ぼくはハープの運搬を手伝うつもりだった。一緒に楽器をかつぐ覚悟なのだ。申し込んだときに、田中陸運の専務さんにそう言ったら、

「ご冗談でしょう」

と、笑いとばされてしまった。

「それはともかく、一応、スニーカーでいらして下さい」

いろいろ注意されたなかで、これが最も大事なことのようだった。それから軍手を持ってくること。

革靴は絶対に駄目である。滑りやすいし、力が入らない。運搬の仕事のための常識なのはよくわかる。しかしその上、脱ぎやすく、履きやすいスニーカーでなければならないという。これはとても日本的なことだと思った。

靴のまま中に入れる家は、わが国では、非常に少ない。この点がパリのハープ運送業とは、大いに違うだろう。

ハーピストの家の音楽室から、二人で楽器を玄関まで運び出し、一人がケースを支

えている間に、もう一人が靴をすばやく履いて、ハープを支えなおす。相棒が履いたところで、二人で楽器を外のトラックまで運ぶのである。脱いだり履いたりの時間の節約のために、アルバイト君のスニーカーのかかとが、縦に切ってあったのだ。

ぼくは張り切って、新品のスニーカーを履いて小型トラックに乗り込んだのだが、ハーピストの家に出入りするたびの脱ぐ履くが、えらく大変だった。田中陸運の田中諄さん運転の小型トラックのアシスタントは、若くてたくましい、本物のアルバイト青年で、彼の横に邪魔者のぼくが同乗したのである。

参宮橋を八時に出て、八時四〇分に三田のマンションに着いた。エレベーターで一階に上がる。

「ここのベルを押して下さい」

諄さんはニヤニヤしながら、蔭にかくれた。臨時アルバイトのぼくは、誰の家だか、全然知らないのだ。

ピンポーン……。

部屋着をひっかけ、寝ぼけ顔でドアから首をだした若い女性は、ぼくが立っているのを見て「キャッ」と叫んで顔を引っ込めたが、ややあって再びおそるおそるドアを開け、不思議そうに言った。

「ど、どうしてこんな時間に?」

ぼくだってびっくりしたのだ。彼女は国の内外で、最も活躍しているハーピストの一人だ。よく一緒に仕事をする。しかし、どこに住んでいるかを、ぼくはまったく知らなかったのだ。予定のせりふを言った。

「田中陸運ですがハープを……」

彼女はキャーキャー笑って、

「岩城さん、ヘンな冗談やめて下さいな」

と、本気にしてくれないのである。そこへ諄さんがアルバイト青年と出てきて、なぜ指揮者が八時四〇分に、スニーカーを履いて現れたかを、簡単に説明した。

「まあまあ、ご苦労さまなことです」

笑いながら、用意していた鍵を諄さんに渡した。田中陸運一行は、一一階から三階に下り、ダストシュートの横の小さい扉を開ける。ハープのケースが、ひとつ入っていた。

諄さんはアルバイト青年に細い端を持たせ、自分は太い方を持ち上げて、あとずさりしながら、ゆっくりエレベーターに運んだ。ぼくも持たせてもらったが、案外軽い。ケースは空だった。これを玄関前に停めてあるトラックの横に置き、一一階にとってかえす。

音楽室には四台のハープがあった。

アルバイトまがいのぼくがいたせいか、コーヒーでもいかがと言われたが、運送屋に時間はない。大型のハープ一台を丁寧に下まで運び、ケースに収めてからトラックに載せる。二枚の布団でグルグル包み、太い紐で荷台に固定する。

もう一度二階に上り、洒落た木製の譜面台とハープ用の椅子を取ってきて、同じように布団で包み、縄をかける。この間二〇分。九時に出発した。

どこに向かって走るのか、ぼくにはわからない。このトラックの一日のスケジュールを見れば、汽車の時刻表のように、細かく書いてあるのだろう。

九時二五分に都立大近くの住宅街に着いた。朝のラッシュと逆方向なので、早かった。

二〇年くらい前から、こういう普通の邸宅の広間でのホームコンサートが多くなったのである。庭にまわり、出した楽器を運びこむ。

「ケースはどこに置きましょうか？」

ザーマス風のマダムに、ケンモホロロに断られる。しかたがない。空のケースをトラックに積み込む。この日は夕方までに七カ所廻らなければならないが、空のケースを積みっぱなしにするのだ。

♪

その後のスケジュール全部を書くと、大変なことになるので、細かいことはカットして、午後三時に東京・五反田の簡易保険ホールの楽器運搬入口に到着させてしまう。参宮橋を出て、三田―都立大―烏山（からすやま）―白金―新宿文化センター―プランタン銀座・デパート……と、都内を駆け回ったのだった。

ハープAを受け取り、指定の時間に届ける途中で、Bの楽器をピックアップし、ハープ修理店で下ろし、修理の済んだハープCを積み込んで……、という具合だ。

休憩というスケジュールはない。ただ、三〇分そば屋に入った。プランタン銀座の裏口にトラックを停めて、諄さんは時計を見た。一時半だった。

「うん、三〇分できた」

ハープ修理店から運んでいた楽器を、二時にデパートに搬入する約束である。

「お腹が空いたでしょう」

本物のアルバイトの青年と三人で、近所のそば屋に入った。ぼくは空腹のあまり、身体中がガクガクしていたのだが、臨時アルバイトを装った取材者に、そんなことを言う資格はない。

諄さんは、よほど大量の朝食をとってくるのだろうか。尋ねてみたら、長年の間、何時に昼食をとるかを決めない生活をしてきて、スケジュールの途中に、うまく時間ができたとき、食べることにしている、という返事だった。

彼は涼しい顔で、鴨南蛮（かもなんばん）を注文した。アルバイト青年は、生卵つきの大盛りのモリそばを、二つとった。

二時になり、プランタンの従業員出入口から、ハープを運び込む。デパートの仕入れ品のすべてを搬出入するところだから、手続きが非常に厳重である。

修理に出してあったこのハープを、デパートが中古として売りに出すのかと思ったら、誰かが一週間ほど、ショーの伴奏で弾くのだそうだ。ハーピストたちが、いろいろな場所で仕事をしているのに、感心した。

エレベーターで地下四階に降りる。倉庫のように、さまざまな品物が、うずたかく積み上げられた機械室の中を、二人が手でゆっくりハープを運んで行く。

このハープは古めかしい頑丈なケースに入っているから、非常に重いのだ。通路が狭いので、台車が使えない。最近は、丈夫で軽いプラスチックのケースが普及してきたので、運送屋さんも、少し楽になっただろう。

案内の人が突き当たりのドアを開けたとたん、いきなり混声合唱が聞こえた。プランタン・デパート・コーラスの練習だったのだ。

合唱団の横にケースを置く。ここがショーでハープを弾く人の、楽屋になるのだろうか。

デパートの裏口から従業員側に入ったのは、もちろん、初めてだった。何もかもぼくには珍しい。

従業員用の控室のあちこち、エレベーターの前……、どこもかも鏡だらけである。そして、どれにもすかし文字で、大きく「今日もスマイル」と書いてある。デパートの楽屋風景というわけだ。

鏡に向かって、うっかりニッコリとやってしまった。クヤシイ。

プランタン搬入を終えて、小型トラックは五反田のホールに、三時きっかりに着いた。田中陸運の四トン積みの中型トラックを、ここまで運転してきた人が、諄さんと交代し、小型車のハンドルを握ってアルバイト青年と出発して行った。夜九時までに、あと一〇カ所廻るのだそうだ。

楽器搬入口に、お尻をピタリとくっつけて止まっている大きな中型のトラックの運転台に、諄さんは乗り込まなかった。

大きな中型とはオカシナ表現だが、楽器運搬のトラックは、一〇トン積みぐらいの大きさに見える。楽器は、かさばるわりには、軽いからだ。

ぼくが取材した十数年前、この五反田のホールはできたばかりで、当時のベストの一つだった。

もちろん多目的だから、その後の大阪のザ・シンフォニーホール、赤坂のサントリーホールに始まり、雨後の筍のように建設された、全国の何十のコンサート専用のホールの音響とは、比較するべきではないだろう。

このホール建設以前に建てられた多くは、裏の搬入口の設計が、楽器や道具を運び込む人たちにとっては、とても不親切だった。

トラックがバックで入っても、搬入口の高さが荷台と同じではないとか、ステージまでに段があるとか、裏方泣かせのホールが少なくなかった。現場で働く人たちのことを考えてくれる建築家は、案外、少なかったのである。その点、五反田のホールは、よく設計されていた。

もっとも指揮者のぼくは、ホールの裏の設計について、全く無知だった。田中陸運の現場に、丸一日くっついて取材したので、わかったわけである。

諄さんは、大きく開かれたホールの裏の搬入口から、がらんどうのステージに走って行った。

何人かの人たちが、これから仕事を始めようとしているところだった。

取材同行したのは歳の暮れで、この晩は、日本フィルハーモニー交響楽団の年末恒例の、「第九」の演奏会だったのだ。

われわれが着いたのは午後三時で、ちょうど、オーケストラの事務局の人たちと、裏方のアルバイト青年たちが、四時からのゲネラルプローベのために、ステージ作り作業を始めようとしていたときだった。

これに合わせて、諄さんは到着したわけである。

合流した瞬間から、諄さんが別人になってしまったような気がした。

日本フィルの楽員の代表も来ていて、遠くの照明室にいるホールの明かり屋さんと、大声でシーリングの角度の打合せをしていた。

「もうちょっと、左にナメテ！」

「こうかナッ？」

「まだ目にくるヨッ」

「どうダーイ？」

「ＯＫ！」

演奏会のステージ照明は、芝居やオペラと違い、特定の位置にスポットを当てることはない。

だが、舞台全面を同じ明るさにするのも、別の意味で、非常に難しい仕事である。たくさんのライトに、強さや角度のムラがあると、薄い影ができてしまう。

楽譜に、かすかにでも影がうつることは、許されない。演奏者の手の動きなどが楽譜の上でチラチラして、集中心が損なわれ、演奏が困難になる。

しかも、遠くからのシーリングやスポットが、楽員の視野の中にちょっとでも入ると、目がくらんで、指揮者の細かい動きや表情の変化を、把握できなくなる。

だからこれをチェックしている人は、ステージの上の楽員の椅子にいちいち座り、演奏をする格好をして、照明の具合を調べるのである。

「今年の『第九』の指揮は、東ドイツのKさんにお願いしたんですよ」

東西ドイツ統合の、何年も前の話だ。

ジュラルミンの四トン車から、忙しく楽器を運び入れながら、諄さんが誇らしげに言った。

日本フィルの人間になりきっている。

「先月は、西ドイツのIさんが、いきなりキャンセルしてきましてね。腕を痛めて指揮ができなくなったそうなんですが、代わりの指揮者を探すのに、えらく苦労しました」

どう考えても、普通の運送屋さんがしゃべる内容ではない。一年中の全スケジュールの、楽器倉庫の管理と運搬の両方を請け負っている諄さん、つまり、いつも一緒に働いている諄さんを、オーケストラの新入団員たちは、事務局の人間だと信じこんで、身の上相談まで持ちかけてくるそうである。

「来年のヨーロッパ演奏旅行に一緒に行ってくれ、と口説かれちゃって、困っているんです。あんたがいないと、ステージ作りが大変だって言われましてね」

諄さんは苦笑した。

レッスン4
オーケストラ御用達の運送会社

東京・五反田の簡易保険ホールの楽器搬入口に、ジュラルミンでピカピカの、大きな箱型のトラックが、お尻をピッタリつけて止まっている。

荷台の両横に「Japan Philharmonic Orchestra」と、大書してある。田中陸運の駐車場の一番奥で、ほかの一八台の二トントラックを睥睨(へいげい)していた、あの四トン積みだ。

四トンというと中型トラックだが、楽器運搬のために作られているので、街中を走っている一〇トン積みのトラックぐらいの大きさがある。重工業の機械運搬の一〇トン積みのトラックは、重く凝縮された荷物を、巨大な馬力のエンジンで、ゴーゴー運んでいる。楽器は、鉄の機械に較べると、とても軽いものだ。

たとえば弦楽器は、本来、軽く薄い木の箱で、中は空っぽである。コントラバスが、あの大きさで、金属の塊だったら、すごいことになる。金管楽器も、中身は空洞の、軽い合金の筒だ。

もっとも重いペダル・ティンパニー四個だって、鉄の機械部分は多いが、やはり中が空気の、空の「鍋」なのだ。英語では「kettle drum」と言う。

どの楽器も、それぞれのケースに入っているから、その重さを勘定に入れても、所詮は空の箱である。いろいろな楽器の一台あたりの重量を、ぼくは調べたことがないので、知らない。

通常のオーケストラの、海外演奏旅行のための航空貨物は、メンバーたちのスーツケースを別にすると、平均五トンと聞いている。

普通のサイズのオーケストラの、楽器の数と重量（ケースを含む）を調べてみた。普通は、壊れたときのスペアを用意するのだが、今回はそこまで考えない。

第一バイオリン一六と第二バイオリン一四（一九八キログラム）。

ビオラ一二（一八八キログラム）。チェロ一〇（二八四キログラム）。コントラバス八（六五〇キログラム）。

フルート四とオーボエ四（四五キログラム）。クラリネット四とファゴット四（九五キログラム）。

ホルン五とトランペット四（一三五キログラム）。トロンボーン三（八四キログラム）。

テューバ一（七一キログラム）。

ティンパニー二対〈四個〉（四二〇キログラム）。シンバル一対とトライアングル一（一七キログラム）。大太鼓一（一五〇キログラム）。小太鼓一（一五キログラム）。タムタム一（四〇キログラム）。木琴一（一二〇キログラム）。（打楽器は現代音楽では無限に多くなるが、一応、普通のレパートリーの演奏旅行とする）

ハープ一（九〇キログラム）。

通常のオーケストラの楽器とケースの重さの合計は、二六〇二キログラムになる。ジュラルミンの横っ腹に、派手に「Japan Philharmonic Orchestra」と、大書してあるトラックの運転席の横のドアに、よほど気をつけないと、見えないくらいの小さな字で、申し訳のように「田中陸運」と書いてある。

このトラックは、日本フィルハーモニー交響楽団の車ではなく、田中陸運の営業車なのである。仕事が一段落したときに、田中諄さんがテレながら、説明してくれた。

一九七二年に、フジテレビと文化放送が、日本フィルハーモニー交響楽団への援助金打ち切りを決定した。同オーケストラは二つに割れてしまった。一つのオーケストラがつぶれ、現在の日本フィルと、新日本フィルの、二つの団体ができるという、皮肉な結果になった。前者が組合派、後者が反組合派という、図式である。

当時、わが国では、オーケストラの組合運動が始まったばかりだった。七一年の暮れに、日本フィルのユニオンは、スポンサーに対し、強硬な待遇改善闘争を展開した。

だが、メンバーの全員が組合員ではなく、半分ちかくの楽員は組合活動に反対で、純粋に芸術家的心情から、そういう運動を嫌っていた。しかし、年末闘争が激しく続き、交渉は妥結せず、結局年末のベートーヴェンの「第九」の公演で、ストライキを打ったのだった。非組合員の意見は通らず、結局はオーケストラ全体が、ストライキをしたことになる。

東京厚生年金会館を埋めつくした聴衆は、音楽を聴けずに、引き揚げたのだった。日本の文化史上初めてで、しかも唯一のストライキである。

これがスポンサーを刺激したというか、都合のよいきっかけを与えてしまったのか、年が明けると、フジテレビと文化放送は、日本フィルの解散を決定した。

♪

「日本フィルハーモニー交響楽団」の楽員の組合派は、一九七二年初頭のフジテレビと文化放送のオーケストラ解散の決定を認めず、フジテレビの建物の中の練習場を占拠したまま、一二年間の法廷闘争に入り、演奏活動を続けた。

数年後に和解交渉が始まり、フジテレビ側から解決金を得て、練習場の占拠を解き、日本フィルハーモニー交響楽団の名前のまま、スポンサーなしの自主運営で、演奏活動を続けている。

一方、非組合側のメンバーは組合派と袂(たもと)をわかち、首席指揮者の小澤征爾(おざわせいじ)氏を中心に「新日本フィルハーモニー交響楽団」を結成し、財界や競艇のドン等の援助を得て、今日まで活動を展開してきた。自治体や大企業などの、特定のスポンサーはない。台所はいつも、火の車だった。

朗報もあった。八八年に、新日フィルは東京都墨田区とフランチャイズ関係になる覚書を取り交わしたのだった。墨田区がコンサートホールを建てることになったのだ。墨田区は完成したホールを優先的に新日フィルに貸すこと、新日フィルは墨田区の文化振興を盛り立てる、という条件である。バブルの崩壊などで、ホールの建設は遅れたが、九七年一〇月に完成した。「すみだトリフォニーホール」である。

新日フィルはオフィスや楽器庫、楽譜室や楽員のロッカー室などをホール内に借り、いわばオーケストラが丸ごとホールに住みついた格好になった。新日フィルは、年に四〇～五〇回、トリフォニーホールで公演する。すばらしいのは、日常の練習をこのホールで行なえることだ。

欧米ではあたりまえのことだが、日本で今、日常的に練習できる専用のホールを持っているのは、新日フィルと仙台フィルハーモニー管弦楽団と札幌交響楽団だけである。

ホールの使用料も、墨田区はフランチャイズ・オーケストラに、大きな割引をしているので、墨田区は新日フィルに、莫大な援助を行なっているわけだ。

それでも現在、新日フィルの台所は、非常に危険な状態である。オーケストラというものは、世の中の好況、不況に関係なく、よい仕事をすればするほど、大きな赤字を出してしまう、困った存在なのだ。

七二年に日本フィルハーモニー交響楽団が分裂したとき、われわれ日本の音楽家たちは、略称に迷ったものだ。「日本フィル」が、『日本フィル』と『新日本フィル』になってしまったのだ。まぎらわしいので、「旧日フィル」と「新日フィル」と言っていた時期もある。

財界の援助を得てきた新日フィルには、バブル崩壊後の現在、ひしひしと経済的な危機の波が押し寄せているのだ。

「日本フィル」は、自主運営の団体として、「日本フィル友の会」という全国的な草の根運動を展開し、聴衆の一人一人をスポンサーにしようという努力を続けてきた。だが、ぼくのような外部の人間から見ていると、涙ぐましいほど根気よく、熱心に続けている草の根運動のためにエネルギーのかなりの部分を使い、疲れ果てているのではないかと、心配になる。

分裂から二七年経った現在（一九九九年）、両オーケストラに、当時の楽員はもうほとんどいない。

日本におけるオーケストラの存在理由と運営、経営について考えるのは、後のレッスンで取り組むことにして、さて、「田中陸運」である。

同社は、分裂以前の「日本フィル」の、楽器運搬の仕事を引き受けていた。二つのオーケストラに分かれても、どちらかに偏することはなかったし、現在もない。

しかし分裂以後の「日本フィル」に運搬を頼まれることが多く、その経済事情のひどさにあきれ果てた。感動してしまったのかもしれない。それで結局、このオーケストラのための、四トン楽器運搬トラックを、作ってしまったのである。

コントラバス八本を上部に置くクッション付きの棚を、荷台に設計したので、同社の最大のトラックであるのに、本業の引っ越し業務には、全く使えない。このトラックは、常に日本フィルのためのものなのだ。

日本フィルは、専用の練習所と楽器倉庫を持たない。ほかのいくつかの団体も同様だが、ビンボーのために、持つことができないまま、二七年経ってしまった。

驚くべきことには、この田中陸運の四トン積みトラックが、一年中、日本フィルの楽器倉庫の役目をしているのだ。

♪

中・小型トラック一九台で運営している、失礼ながら典型的な零細企業であるこの小さな運送屋さんの莫大な援助がなかったら、日本フィルハーモニー交響楽団は、とっくに消えていただろう。

バブルの消えた不況の日本は、それでも世界有数の金満国だ。あのバブルの最中は、この国の大企業は、狂乱的なメセナゴッコをやっていた。世界中からありとあらゆるオーケストラを招(よ)んだり、有名なオペラ劇場の引っ越し公演を主催したり、現象だけをいえば、文化大国のようにみえた。だったら超一流ばかりを主催して、日本の聴衆の耳を肥えさせてくれるならまだいいが、世界的に有名な街の、得体の知れないイカガワシイ団体で盛大なイベントをやり、スポンサーづらをしながら、とんでもなく高い入場料で客を集めていた。

聴衆の方も、高い切符だと一流だと思いこんで、押すな押すなだから、困ったものだ。

企画する方も、聴く方も、みんなバブルだったのだ。今にして思えば、あれは文化を本当に大切にする姿勢ではなくて、バブルで膨らんだ懐(ふところ)で、文化イベントを企業の宣伝道具にしただけだったのだ。

もちろん、音楽だけでなく、美術やその他の芸術のために、純粋に尽くした企業もかなりあった。

サントリー、JT、出光(いでみつ)、ダンボールのレンゴー等、純粋なメセナ活動をやってきた代表だといえよう。思いついたのを挙げただけだが、全部の名前を挙げることができないので、書きもらした会社には申し訳ない。

今挙げた企業だって、現在の不況の影響を大きく受けているだろう。しかし、バブルがはじけた後も、文化への援助の行為を減らさない企業には、感心する。派手なイベントをやっていた企業の多くは、文化なんかからいっせいに撤退してしまった。

株主のために利益を出すのが企業の当然の義務だから、仕方がないとは言えるが、何十億円もする絵をたくさん買いまくったり、世界中のものすごい数のストラディバリウスを、ＹＥＮの力でコレクションしていた成金どもは、今どうしているのだろう。

こういったものは年ごとに価値が上がるから、要するに、財テクだけだったのだ。

こういった弦楽器の名器は、死蔵しておいたらダメになってしまうのである。ヨーロッパやアメリカの音楽好きな金持ちは、手に入れた名器を、これはと目をつけた優秀な若い奏者に、タダで貸し与えている。

よい楽器は、上手い奏者が弾き続けていると、ますますよくなるのだ。下手なのが弾くと、楽器もダメになる。でも金庫にしまっておくよりは、まだましかもしれない。

日本中に、成金の名器コレクターたちが、何人もいる。企業として買いあさったところも多い。世界中の数少ないクレモナの名器の多くを、殺しているようなものだ。

文化への犯罪だといいたい。

バブルがはじけたので、こういう企業は、今や文化には目もくれない。倒産の危機で、それどころではないのだろう。息を殺して、バイオリンや美術品の値上がりを待っているのだ。

バブルのおかげとはいっても、確かに、二、三〇年前よりは、文化財団等に力を入れる企業が増えたのは喜ばしい。文化に名を借りたパブリシティとしか思っていなかった企業が、バブルの崩壊で手を引いた方が、国の文化にとってはよかったのかもしれない。つまり、ホンモノとニセモノが、わかるようになったのだ。

しかしそれにしても、田中陸運のような存在は、実に稀(まれ)である。一六台の小型トラックと四台の中型トラックで、運送屋さんを忙しくやり、しかも四トン積みの四台のうち一台には大きく「Japan Philharmonic Orchestra」と大書して、運転台の横に小さく「田中陸運」と書いているだけなのだ。パブリシティの「パ」の字も感じられない。

ぼくは、本当は、これが最高のパブリシティだといつも思っているのだが、このような上質なパブリシティを考える大きな企業は、まず絶対に存在しない。

ぼくは札幌交響楽団の音楽監督になって何年目かに、いつも演奏旅行のとき、裏方さんたちの中でひときわ陽気にステージ作りをしているオジサンが、事務局のメンバーでないことを初めて知った。札幌通運の田村英記さんだった。

札幌交響楽団は立派な練習場を持っているから、楽器倉庫がわりのトラックを必要としない。しかし、年間の運搬業務に関しては、札幌通運は田中陸運とほとんど同じことをしている。

そして田村さんも、どうみても札幌交響楽団の人間の顔をしている。

嬉しいことに、全国に少数だが、「田中陸運」の仲間たちが、いくつか存在するのである。

♪

日本フィルハーモニー交響楽団のための、田中陸運と田中諄さんの活躍については、かなりわかったつもりである。

では現在、日本に二三あるプロのオーケストラでは、楽器運搬をどうやっているのだろう。北は札幌から南の福岡まで、電話をかけまくった。

「もしもし、指揮者の岩城ですが、事務局長さん、いらっしゃいますか？」

普段ぼくは、相手の肩書を絶対に言わない。「社長さん」「部長さん」「知事さん」などと言うのがイヤなのだ。総理大臣でも、「○○さん」と、名前を言うことにしている。

どんなにエライ人でも、またうんと若い人でも、みんな平等に「○○さん」と言いたい。

同じ理由で、ぼくは「先生」と言われるのが、すごくイヤだ。しかし困ったことに、指揮者という商売は、初対面の人なんかに「先生」と呼ばれやすいのである。

仕事の関係で、これから何回も会いそうな人には、

「そう言われるのが苦手なので、『さん』でお願いします」

と頼んでいるが、これから一生会いっこない人にこう頼むのも、なんだかキザなので、泣く泣く「先生」で我慢する。

そのくせ、初めて会った生意気な若造に、いきなり「イワキサン」と言われると、ちょっとムッとしたりするのだから、アサマシイと思う。「馴れ」はコワイ。

ウーマンリブがキーキーさわぐように、「夫人」とか「奥さん」「亭主」「主人」などがケシカランのなら、本当の教師や教授とか医者以外に、「センセイ」といってはいけないという、言葉狩りもしてほしいものだ。政治家はもちろん、センセイではない。

ぼくは音楽で食っている、いわゆる自由業だから、こうやって暮らしていられるのだろうが、会社や役所の人は、「課長」「部長」「専務」なんて言わなければマズイんだろうね。サントリーとか三井系の会社では、お互いに「○○さん」だそうだが、でもよその会社の人と仕事で会うときは、「○○さん」とは言えないだろう。

ところで、日本中のオーケストラに電話をかけまくったときには肩書を言うしかなかった。

「こちらはコレコレですが、事務局長さんはおいでですか？」

肩書は便利だ。名前を知っている事務局長なんか、何人もいないのだから、こういうほかはないのである。

ウイークデイの午後四時頃だったが、大多数の事務局長は不在で、みんな忙しく飛び歩いているのがわかった。

これまでに仕事をしたことのないオーケストラもいくつかある。どの団体にも同じことを聞いた。

「突然うかがいますが、あなたのオーケストラでは、楽器の運搬は、どうなさっていますか？　自前のトラックと運転者か、どこかの運送業者と契約しているとかを、教えてください」

全国の二三のオーケストラに電話するのは、かなり重労働で、実は『週刊金曜日』のぼくの担当さんに手伝ってもらおうかと思ったのだが、団体によっては、こんなことをいきなり「週刊誌」に——そう、『週刊金曜日』も、世の中にゴマンとある「週刊誌」のひとつではある——電話取材されたら、企業秘密とやらといって、答えないオーケストラがあるかもしれない。だから最初に自分の名前をちゃんと名乗ったのだ。

別にびっくりさせるつもりはなかったのだが、指揮者がいきなりヘンなことを尋ねるので、かなり驚かせてしまったらしい。

ある自治体に属するオーケストラでは、事務局長が外出中だった。で、電話にでた若い女性に、楽器運搬のことを尋ねた。よく知らないらしく、事務局の者と代わりますということで、しばらく待たされた。こんなことを聞いてきた人がいると、コチョコチョ相談していたらしかった。ぼくはちゃんと名乗ったのだが、若い女性は誰からの電話とは言わなかったのだろう。

「もしもし、総務の〇〇ですが、いったいどういう目的で、何の意図で、そういうことをお尋ねになるのですかっ⁉」

すごい剣幕だ。仕方がないから、もう一度はっきり名乗った。

「NHK交響楽団とオーケストラ・アンサンブル金沢の指揮者の岩城宏之ですが、全国のオーケストラの楽器運搬の事情を調べているものですから……」

相手は豹変して、バカ丁寧になった。水戸黄門をやるつもりはなかったのだが、仕方がない。無事取材できた。

自治体から出向してきたばかりの人なのだろう。こちらのことをオンブズマンのメンバーだと思ったのだろうか。

取材の結果、日本中にいくつかの「田中陸運」の仲間の存在を知ることができた。

♪

日本には現在、プロのオーケストラが二三ある。楽器運搬について、ぼくは全部の事務局に、電話をかけたのだった。

ただし、「日本オーケストラ連盟」の名簿には、もう三つ、オーケストラの名前が出ている。だがこの三つのオーケストラの名前は、今回ぼくが初めて目にしたもので、演奏活動についても聞いたことがない。申し訳ないが、この三つの団体には電話しなかった。

「東京ニューシティー管弦楽団」と、「東京ニューハーモニック管弦楽団」、「ニューフィルハーモニックスオーケストラ千葉」というのである。

というわけで、プロのオーケストラの数を、二三とした。

日本のすべてのオーケストラの名前を、言うことができる人は、すごく少ないだろう。参考までに書き出してみる。面倒な人は、読み飛ばして下さい。

「NHK交響楽団」「オーケストラ・アンサンブル金沢」「大阪シンフォニカー」「大阪センチュリー交響楽団」「大阪フィルハーモニー交響楽団」「神奈川フィルハーモニー管弦楽団」「関西フィルハーモニー管弦楽団」「九州交響楽団」「京都市交響楽団」「群馬交響楽団」「札幌交響楽団」「新星日本交響楽団」「新日本フィルハーモニー交響

楽団」「仙台フィルハーモニー管弦楽団」「東京交響楽団」「東京シティ・フィルハーモニック管弦楽団」「東京都交響楽団」「東京フィルハーモニー交響楽団」「名古屋フィルハーモニー交響楽団」「日本フィルハーモニー交響楽団」「広島交響楽団」「山形交響楽団」「読売日本交響楽団」。ああ、くたびれた。

順番は、日本オーケストラ連盟の名簿によった。五十音順らしい。しかし、なぜ最初に「NHK交響楽団」が出てくるのかわからない。やっぱり一番エライ交響楽団だからなのだろうか。けしからん。

しかし、よく考えてみると、「N」は「エヌ」なのだった。やはり五十音順である。大部分が財団法人組織で、社団法人というのが三つある。そして、そういう肩書がないのが、四つある。これは、完全な自主運営で、スポンサーも何もなく、自分たちの稼ぎを山分けして、収入を作っている。健気（けなげ）な団体なのだろうと思う。

この名簿は、少なくとも「おけいこ」の読者には、全然必要のないものだろうが、ぼくにはとても参考になった。

二三のオーケストラのうちのほとんどが、楽器運搬を運送会社と契約していることがわかった。エンエンと書いてきた、「日本フィル」と「田中陸運」の関係に似ている。

自前のトラックで、運転を運転手派遣協会に頼んでいるところが、六つある。どのオーケストラも、いつも同じ人に頼むことにしているそうである。

自前のトラックで、運転も事務局の人がやっているところが、三つある。経営のもっとも大変そうな団体で、運送会社と契約することが苦しいのだろう。

毎日毎日、楽器を運搬するわけではないから、専属の運転者を一年中雇うのは、人件費の問題で、不可能なのだ。だから、どのオーケストラも、こうしているらしい。

いつも同じ運送業者に頼むわけだが、その会社が、専属的な契約をしているオーケストラのために、楽器運搬専用のトラックを作ってくれているのだ。どこも小さい会社なのに、文化への大きな貢献である。

横っ腹にオーケストラの名前を大書している「田中陸運」と同じ仲間が、三社あった。

「オーケストラ・アンサンブル金沢」の楽器運搬は、「北日本運輸」という会社である。いつも同じドライバーの人が二人、日本全国に楽器を運んでくれている。

しかし横っ腹に、オーケストラの名前を書いていない。運送会社とオーケストラのための、何やら難しい税金の都合で、こうしているのだそうである。ぼくにはよくわからない。

「新日本フィルハーモニー交響楽団」では、「金子梱包」という会社が昔から楽器運搬をしている。その社長の金子康夫さんが、一年中オーケストラの楽器運送と、裏の仕事を手伝っている。

新日本フィルを指揮するたびに、「ネコさん」というオジサンのニコニコの働きぶりに、ぼくはいつも感心してきた。今度調べて初めてわかったのだが、この人が「金子梱包」の社長さんだったのだ。

金子さんは、「新日本フィル」のメンバー表に、スタッフとして載っている。だからぼくは、オーケストラの人だと思いこんでいたのだった。

「日本フィル」と「新日本フィル」は、一九七二年に分裂したわけだが、田中陸運の諄さんと、「金子梱包」のネコさんは、完全に双子同士的な存在だったのがわかって、驚いた。

♪

日本には、外国から取り入れた最初の段階で誤解してしまい、そのまま定着している考え方や習慣が、かなり多い。

洋の東西の文化の違いや、世界中の国とか民族同士の思い違いなど、どっちみちお互いさまではある。気になるわが国での代表的な例を、三つ挙げる。

まず洋食のマナーである。

右利きの場合、パンを取らないでライスを食べる人は、メインディッシュの左側にライスの皿を置く。われわれがフォアグラをのっけたステーキを、ご飯と一緒においしく食べるのは自由だが、食べ方が珍妙なのだ。

いまだに方々のレストランで見かけるのは、フォークの山なりの背にライスをのっけて、おそるおそる口許に運び、スーッと吸い込んでいるオジサンやオバサンの動作である。どうしてあんな難しいことをやっているのだろう。

フォークは、西洋人たちが人間の手をモデルにして作った、道具である。道具の発明が人間の進化だとするなら、二本の箸を使って器用に食事をするようになった中国大陸より、文明的にはずっと幼いのだ。手の甲や指の背に食べ物をのっけて食事する人類はいない。

明治の文明開化の頃に、ナイフとフォークの使い方を教わった日本人の誤解で、ヘンテコなマナーが出来上がったのだろうか。

イギリス人たちは、煮野菜などをフォークの背にのせるが、彼らには、皿からのライスだけを食べる習慣がない。ライスは野菜の一種だから、こんなやり方を教えたのかもしれない。

西洋人は、ビーフストロガノフのようなシチューとライスを混ぜながら食べるものは、ちゃんと右手なり左手を使って、フォークの腹ですくって食べている。

ビールの注ぎ方、注がれ方でも、輸入の最初の段階で、根本的な間違いがあったのだろうと思う。ラガービールの本場のドイツやチェコでは、まず泡をドーンと出して注ぐ。粗い泡がおさまって細かくなるのをしばらく待ち、少しずつビールを注ぎ足して、クリーミーで固い泡を作る。

グラスの七割がビールで、上部の三割と、その上に二、三センチきれいな泡が盛り上がっているのを、理想とする。コマーシャルに出てくる、あの姿である。

瓶や缶から、泡を立てずに注がれたビールには、保存のための炭酸ガスが多く含まれ過ぎている。このまま飲むと、胃の中にガスがボワーッと広がる。ビールはいいが、二杯目からがどうも苦手だ、という人が多いのはこのせいだ。

泡を少しだけ抜く、最も大切な目的は、ホップの色々な苦みのうちの、ある種のイヤな苦みを、泡の中に封じ込めるためだ。舌に感じなくなる。

もう一つの目的は、強い泡を長く保って、グラスのビールの酸化を防ぐことにある。これらはラガータイプのビールのためで、エールビールには、必要ない。

日本の各社のラガービールは、この注ぎ方をすれば、実に旨い。ビール会社の技術者たちは、みんなこの理論を知っているのに、どの会社も、PRをしない。折角の世界一級のビールが、トロリとした重い味で飲まれている。

ビールがわが国にやって来たときに、日本酒のお猪口のやりとりと同じやり方で、斜めにしたコップに静かに注いだからなのだろう。缶ビールからじかに飲んでいるコマーシャルは、最悪の飲み方なのだ。

テキサスの湿度ゼロの砂漠でバドワイザーを缶から直接飲むならともかく、多湿の日本では、上等のビールを殺すことになる。誤解からくる、悲しい伝統だ。

コンサートホールとオーケストラの関係も、一種の誤解のまま続いている。

本来オーケストラは、フランチャイズのホールで、いつも練習するものなのだ。自分たちのホールの音響の中で、よいバランスを作り出し、そこにお客さんを入れて、オーケストラ独自のサウンドを聴いてもらう。

オーケストラにとって、フランチャイズのホールは、楽器なのである。本番だけ、他人の楽器を借りるバイオリニストはいない。

演奏旅行にはホールを持って行けないが、フランチャイズで練り上げた音を、持って行くのである。世界の一級のオーケストラは、こうやって音を作ってきたのだ。

日本には現在、世界で最も沢山の素晴らしい音響のホールがある。だがフランチャイズのホールでの練習が可能なのは、二三のオーケストラのうち、新日本フィルと仙台フィル、札幌交響楽団だけだ。それでも全部のスケジュールではない。

わが国には、最強の裏方がいないのである。

つまり、自治体や民間企業に、ホールがオーケストラの楽器だという認識を持つ実力者が、いないのだ。

実名を書くと迷惑をかけるかもしれないので、これから書くことは、すべて「某」を使う。

♪

某都市の某オーケストラは、二年前（一九九七年）に某区が素晴らしいコンサートホールを建て、そのフランチャイズのオーケストラとなった。

ホールとオーケストラのフランチャイズ関係は、わが国で初めてのことである。演奏会はもちろん、リハーサルも、その会場でできるわけだ。ただし、ホールの都合によっては練習できないことがあるから、「準フランチャイズ」だろう。

練習場でリハーサルをし、本番当日、会場練習をすると、練習場で何日もかかって作り上げた演奏上のバランスが、役に立たなくなってしまう。

だから、演奏会をやるステージでリハーサルをやり、本番でそこにお客さんを迎えるのが、理想なのである。

理想とはいっても、欧米のオーケストラでは、練習をコンサート会場でやるのが、当然のことなのだ。だから、この「当然」を「理想」というのは、悲しいことだ。

二〇世紀末の最後の最後に、この「当然」が某オーケストラで実現したのである。

ほかに、準フランチャイズといえるホールとの関係を持っているオーケストラは、現在、「札幌交響楽団」と「仙台フィルハーモニー管弦楽団」の二つである。

しかし、「準」は「準」であって、ときにはホールの都合で、ほかの場所で練習しなければならない。札幌では、本番の前の日からホールで練習できるようになっているが、その前の二、三日間は、練習所でリハーサルしている。バランスはこわれる。

その点、この某オーケストラは、日本で初めての「当然」を実現したわけだ。

二〇〇一年の秋にオープン予定の「石川県立音楽堂」は、「オーケストラ・アンサンブル金沢」の、完全なフランチャイズホールとして計画されている。

ところで、某オーケストラと某ホールの素晴らしい関係で、困ったことが起きてしまった。

ここでは、超零細の某社の社長自らが、長年楽器運搬を扱ってきた。オーケストラのメンバー表にも載っている。ぼくはずっと某さんが、この某オーケストラの人だと思っていたのだ。

某ホールがフランチャイズになったので、某オーケストラはリハーサルのほとんどを、このホールでできるようになった。めでたい。

ほかの都市へ演奏旅行に行くときも、練習はここでできるのだ。

ホールができる前までは、某オーケストラは、都心よりだいぶ南の場所に練習場を借りていた。

だから、音楽会のたびに、某さんはトラックで全部の楽器を会場に運び、音楽会が終わると、アシスタント何人かと一緒に、練習場に楽器を運んで帰っていたのだ。演奏旅行は別にして、某オーケストラは某ホールで、数多くの音楽会をやるようになったので、某さんの仕事は、半分以下になってしまった。

某さんといえども、自分の超零細会社で二十数年間、ボランティア活動をやってきたわけではない。できるだけ、経費のかからないよう努力しながら、つまり、すごく安価で、某オーケストラを助けながら、自分の仕事の収入を、このオーケストラとの仕事で得ていたわけである。

もちろん、この「おけいこ」でおなじみの田中陸運も、同じことをやってきたのだ。誠心誠意、サービスを尽くし、音楽と「日本フィル」を愛しての上の、仕事である。

最近、某オーケストラが、演奏旅行をした。旅行先の名前を、ぼくははっきり覚えていないが、福岡、大阪、名古屋、札幌、……という、距離にするとかなりの大旅行である。

これだけの旅行を、某さんとアシスタントの若い者二人で乗り切るのは、不可能である。名古屋のあと、一日置いて札幌だったりするから、トラックでの移動は、時間的に不可能にちかい。

某オーケストラは、ある大手の宅配会社に、この運送を委託した。

現在の宅配便の、配達の速さと、正確さと安さは、信じられないくらいのものだ。トランク一個や、ゴルフバッグが、どうして遠くの場所に翌日配達され、しかも一〇〇〇円ぐらいの値段だったりするのだろう。巨大な宅配会社の組織と能力には、本当に感心してしまう。

もし某さんが、この演奏旅行の運搬をやっていれば、どんなに出血サービスで仕事をしても、どうしても一〇〇〇万円はかかる。ところが、この巨大会社は、航空運送網も含む巨大な組織力で、その半分の額で、演奏旅行の楽器運搬をやってしまった。

このことは、大店法の廃止によって、多くの町の商店が壊滅したことに、似るようなことになるのではないか。

♪

前項で、たくさんの「某」「某」を書いたが、「新日本フィルハーモニー交響楽団」と「すみだトリフォニーホール」のことである。超零細運送会社の「金子梱包」の社長自らが、新日フィルの楽器運送と裏の仕事を、一手にやっているわけだ。「ネコさん」こと金子康夫さんである。

これまで二十数年間、超低価格で、ネコさんが愛と情熱でやってきてくれた仕事は、トリフォニーホールの完成で、半減してしまった。楽器運搬の費用が減ったのは、経営の苦しいオーケストラにとっては、ありがたいことである。しかし金子梱包の収入も、半減した。しかも大手の宅配会社に頼んだら、ネコさんの会社の、そのまた半分以下の費用でできることが、わかったのだ。

大手会社にとって、オーケストラの楽器運搬をただ同然で引き受けるのは、何でもないことで、それよりも、この仕事が会社に大きなプラスだということを、発見したことになる。運送会社がトラックにオーケストラの名前を大書して、横に自社の名前を書くのは、文化的イメージを売るために、大きなPRになるのである。

今後続々大手企業がイメージアップのために、採算度外視で日本中のオーケストラの楽器運搬に参入してきたら、どうなるだろう。

これが進むと、資本主義の原理で、これまで二十数年間音楽への愛情と誠意で頑張ってきた、田中陸運や金子梱包をはじめとする、全国の零細業者は、駆逐されてしまうことになりはしないか。日本中で大スーパーが開店し、近所と仲良くやってきた昔からの小さな八百屋さんや魚屋さんが、追い詰められるようになったことに、似たようなことが起こるかもしれない。

先月、メルボルン・シンフォニーと仕事をした。ぼくは一九七四年から、このオーケストラのチーフコンダクターを務め、現在は現役の終身桂冠指揮者として、四半世紀以上の付きあいである。

あるとき街で、赤く派手に「Melbourne Symphony」と大書した一〇トン積みの、真っ白な大型トラックとすれ違った。下の方に「Grace Removals group」とある。その後注意していたら、街中「grace」とだけ書いたトラックが、走り回っているのだった。

数年前からこの「grace group」がメルボルン・シンフォニーのために改装した大型トラックで、楽器運搬をやってくれていたのだそうである。つくづく、自分のオーケストラの裏の仕事ぶりを、知らないものだと、思った。

オーケストラには、たくさんのスポンサー企業がついている。定期演奏会終了後のレセプションを、毎回一社が受け持ってくれる。この間のぼくの演奏会のスポンサーが「grace group」だった。プログラムに同社の挨拶が載っていたので、おもしろいから転載する。

「誇るべき関係——楽器運搬グレイス・グループ」

〈グレイス・グループとメルボルン交響楽団の間に親密な提携が結ばれたのは、七年以上前に遡(さかのぼ)ります。私たちはこの提携を大変誇りに思っております。

楽器運搬を請け負うグレイス・グループは、メルボルン交響楽団のスポンサーであるだけでなく、楽団に公式認定された楽器運搬会社であります。練習の拠点としているABCサウスバンク・センターから、コンサートホールやタウンホールをはじめとする会場まで、オーケストラで使われる楽器を運搬しているので、ほとんど毎日仕事が入っている状態です。

オーケストラの高価な楽器を扱うのは、とても素人にできる仕事ではありません。仕事を任されるのは特別に訓練されたチームのメンバーで、彼らは楽器をどのように扱えばいいかを知っています。

彼らの国内での評価は、シドニーでグレイス楽器運搬の新たなチームを設立する際に、その指導員として呼ばれるほどに、高いものです。この新チームはシドニー交響楽団の公認運搬業者に、最近任命されました。

メルボルン交響楽団が国内ツアーに出かける際には、グレイス・チームが楽器の運搬に責任を持つばかりか、舞台設置の補助を担当するため、早めに会場に着き、舞台裏のさまざまな仕事、たとえば取り外しのできる舞台を設置したり、所定の位置にライトを固定したりなどを、請け負います。

八八年の歴史を持つ国際的に確立した運搬業者であるグレイス・グループは、来年一月にカナリア諸島で開催される、五大陸フェスティバルに参加するオーケストラのための、特別な舞台準備に助言を与えています。このフェスティバルで、メルボルン交響楽団は、ニューヨーク・フィルハーモニーやウィーン・フィルハーモニーといった大物楽団とともに、名前を連ねています。

メルボルン市はその都市の名をもつ素晴らしい交響楽団を非常に誇りとしています。私たちグレイス・グループも、定期演奏会第四のスポンサーであることを、誇りに思っております。

グレイス・楽器運送グループ　ヴィクトリア・タスマニア地区マネージャー〉

（訳／大串尚代）

数年前までは、このオーケストラの楽器運搬や裏方として、あまり英語の話せないイタリア移民のパスカルというオジサンや、カッコいい若者のケンが駆け回っていたが、最近見かけなくなったと思ったら、こういう大企業がすべてをやってくれるようになっていたのだ。素晴らしいことではある。だが、パスカルやケンたちは、今何をしているのだろう。

レッスン5

ドクター・イン・レジデンス

両親の話によると、赤ん坊のぼくは、わりと早く、八カ月目ぐらいで、ハイハイできるようになったそうである。床の間に置いてあったラジオから西洋の音楽が聞こえてくると、一所懸命ハイハイしていって、耳をくっつけ、聞きほれていたそうだ。六十数年前の親バカの観察だし、それに両親がとっくの昔に死んでしまったので、当てにならない話だ。赤ん坊のぼくが、そんなに音楽が好きなのを知っていたのなら、幼いぼくに音楽教育を強制してほしかったと、恨めしい。大音楽家になりそこねたのだ。

家には手回しの蓄音機があった。しかしレコードは、詩吟と浪花節だけだった。詩吟といっても、もうだれもわからないだろう。「ベンセイシュクシュクーヨルーカハーヲワタルー」と漢詩に節をつけてうなるヤツである。

詩吟はともかく、浪花節は好きだったし、今でもたまにテレビでやっていると、家人にチャンネルを変えさせない。あれは素晴らしい一人ミュージカルだ。

浪花節に関してだけは、幼児教育を受けたことになる。

西洋の音楽には、両親はまったく無関心だったから、ぼくはただただ、音楽が好きだっただけなのだ。結局、誰にも教わらずに、というより教えてもらうことができずに、音楽商売になってしまった。

たしかに音楽家になる前のぼくは、あきれるほどの、音楽好きだった。小学校のときは童謡、敗戦後の中学生のころはアメリカのポピュラーやひばりさんとかバタヤンたち、高校生になってからはウエスタンやジャズなど、何でも好きだった。しかし一貫して、寝ても覚めても「クラシック」に夢中で過ごした。

風邪になりかけて少し熱が出ると、レコードでバッハの「G線上のアリア」や「組曲第二番」を聴くと、平熱になった。

高熱で、ひどく咳こんでいるときは、ハチャトウリヤンの「ガヤネー［ガイーヌ］」で元気になった。特に「剣の舞」を聴くと、たくさん発汗して、熱が下がったものだった。

最近は「音楽療法」の研究が非常に盛んで、学会でさまざまな研究が発表されているし、桐朋学園大学やくらしき作陽大学などに音楽療法の授業が設けられている。

方々の病院で大きな成果を挙げているのは、うれしいことだ。

小・中・高生のころ、ぼくは勝手に自己流の音楽療法をやっていたわけだ。ところが藝大（東京藝術大学）に入って、音楽に専門的に取り組むようになってからは、この療法が効かなくなってしまったのである。

音楽は依然として、いつでも大好きだ。音の出るものは、浪花節から演歌、ポップス、ジャズ、ロックに至るまで、全部好きだ。特にクラシックはイノチである。

だがとても悲しいのは、クラシック音楽に対するぼくの身体の反応が、昔とまったく変わってしまったことだ。正直いうと、クラシック音楽を楽しめなくなったのだ。

もちろん仕事をしている最中や、新しいスコアを勉強しているときは、われながら感心するほど、夢中である。好きで好きでたまらない。プロとしてメシを食っているのだから、当たり前だ。

しかし、ホテルのロビーやレストランでクラシック音楽が聞こえてくると、途端にダメになってしまう。身体が拒否反応をおこす。行きつけの店だと頼み込んで、クラシック以外に変えてもらうが、いつもそうはいかない。我慢、ガマンである。

音楽家がみんなこうであるとは、ぼくにはいえないが、国籍に関係なく、ぼくが知っている音楽家のほとんどは、こういう場でのクラシックにアレルギーを持っている。だが、ときには平気な人もいるので、こちらのプロとしての心が、貧し過ぎるのかと、クヨクヨする。

ほかの音楽家のことは知らないが、少なくともぼくには、音楽療法はダメである。イライラで逆効果になる恐れがある。もちろんクラシック音楽でなければ、療法の効果はちゃんとあるから、あまり悩むことはないのだ。

しかしこういう自分が、音楽療法学会で講演を頼まれたり、療法のための美しいクラシック音楽のレコーディングに精を出している矛盾に、悩むのである。

話をうんと戻すが、以前ドイツのバンベルク交響楽団と日本演奏旅行をしたとき、旅行最後の演奏会に、同行のお医者さんを、絶対に音を出さないと約束させて、ピッコロ奏者としてオーケストラの中に座らせたのだった。

彼の熱望に負けて、オーケストラがOKしたのだが、ぼくは指揮しながら、ピッコロを吹くフリをしている彼にハラハラしていた。あんなに嬉しそうな人間の顔を、あれ以後見たことがない。感動した。あのお医者さんは、音楽療法のよい患者になれると思う。うらやましい。

お医者さんを、音楽界の裏方のジャンルに入れたらオコラレルかもしれない。しかしオーケストラの演奏旅行、特に長期の海外演奏旅行のためには、お医者さんは非常

に重要な存在なのだ。

これは日本のオーケストラだけではない。世界中のオーケストラが言葉の違う国に演奏旅行する時、ほとんどの場合、お医者さんに同行してもらっている。

半年ほど前に、ぼくはオーケストラ・アンサンブル金沢の音楽監督として、「ジョーク辞令」を出した。

〈辞令

川北篤殿

貴殿はオーケストラ・アンサンブル金沢のドクター・イン・レジデンスとして、世界に活躍するわがオーケストラの健康および精神管理を、貴殿の体格、体重のごとき存在感で支えて下さっており、われわれは安心してメンバーの命をお預けしております。

十年前の第一回ヨーロッパ公演にはじまる、世界への文化発信の第一歩から、貴殿のドクター・イン・レジデンスのお仕事が始まりました。

ブリュッセル公演が終わり、ホッとしておられた日本食レストランで、突然、団員が発熱したとの連絡を受けると、一口もお食べにならずに、貴殿に負けないくらい重い薬カバンを持って、ホテルに駆けつけて下さいました。旅行中はこういうことの連続です。

　前回のロンドン公演で、私の右親指が本番直前に瘭疽になり、痛みのあまり指揮することが不可能になりました。野戦病院さながらの不衛生な楽屋であるにもかかわらず、貴殿はオーケストラ専務を看護夫として従え、信じられないほどの機敏さで手術する離れ業をなさり、その後一カ月におよぶ、私とオーケストラ・アンサンブル金沢のヨーロッパ公演ツアーを救って下さいました。

　また貴殿自身がそのツアー中、ミュージアム見学過多で股関節を痛め、杖をつきながらも、完全にドクターとしての役務を完走されましたことは、誠に責任感旺盛・貢献大なるものがあります。

　一方、音楽にも造詣が深く、一時期、アマチュア・チェリストとして一世を風靡され、また、指揮者としても活躍、コペンハーゲンの会場練習にて、突然、ベートーヴェン「交響曲第七番」の代棒をお頼みしたときも、素敵な笑顔で、オーケストラを見事に指揮なさいました。

　昨年金沢で、私は十年ぶりにベートーヴェン「荘厳ミサ」を指揮しました。公演直前に、急性の悪性結膜炎にかかり、本番中に瞼が開かなくなって、土曜日の夜のことでもあり、失明（？）の危機感におびえました。

公演直後に貴殿が客席からお出になるところを、オーケストラのスタッフがつかまえたのは、大きな幸運でした。

貴殿は急遽、お嫁さん(眼科の先生)をたたき起こして、速やかに治療を受けさせて下さり、事なきを得ましたこと、ドクター・イン・レジデンスとしての存在を、まことに心強く存じます。

よってここに、貴殿の永年の功績を讃え、「オーケストラ・アンサンブル金沢終身桂冠ドクター・イン・レジデンス」に、任命するものであります。

一九九九年三月一九日

オーケストラ・アンサンブル金沢　音楽監督　岩城宏之〉

この「辞令」文は、オーケストラ事務局長の作成である。ぼくには、こんな公式文(?)は書けない。なるべく「辞令」らしく、少々役所っぽい文章にしてもらって、大マジメな書状にして差し上げた。まともな感謝状を作るより、ジョークの「辞令」として、レストランで授与式をする方が、お互いワインがずっとおいしくなる。

これまでに、何人かの方々に「辞令」を出してきた。演奏旅行を熱心に世話してくれた人や、連続してスポンサーをやってくれている方などを、「西日本支配人」とか

「北海道支配人」「西ヨーロッパ地区総支配人」に任じてきた。われわれの「ジョーク辞令」には、どなたもとても喜んでくれる。

「ドクター・イン・レジデンス」という言葉は、音楽界では存在しない。「コンポーザー・イン・レジデンス」——直訳すれば座付き作曲家——をもじったのだ。

川北ドクターは、医療法人社団隆整会川北病院の院長さんである。かなり大きな私立総合病院で、ご本人は整形外科専門である。

オーケストラ・アンサンブル金沢の過去七回の外国旅行のうち、一回をのぞき、すべてデカイ薬カバンをかついで、ボランティアとして同行してくださった。無類の音楽好きで、自ら主宰するアマチュア・オーケストラの指揮者でもある。

オーケストラ・アンサンブル金沢の最初の外国演奏旅行は、一九八九年の九月だった。

ベルギーのブリュッセルを中心にして各都市で行なわれた「ユーロパリア・フェスティバル」という、大きな行事に参加したのだ。

毎年、ヨーロッパの国々が持ち回りで、世界中からいろいろなオーケストラや独奏者たちを招待し、その国の首都を中心に、方々の地方都市で、約一カ月、フェスティバルを続ける。

日本は「ユーロパリア」に加盟していないから、これまでこのようなフェスティバルが、わが国で開催されたことはない。どうも説明が難しい。

もしこのフェスティバルが日本で行なわれるとすると、次のようになる。たとえば一〇のオーケストラや室内楽団を招待するとする。東京、大阪、名古屋、札幌、福岡……等の一〇の都市で、一斉に音楽会が行なわれるわけである。どの団体も各都市を巡るから、短期間に国中で一〇〇回の音楽会が開かれるわけだ。

勝敗を争うわけではないが、サッカーのワールドカップに似ていると言ったら、わかりやすいだろう。

八九年の「ユーロパリア・フェスティバル」に招待されたので、ぼくは設立してまだ数カ月しか経っていない「オーケストラ・アンサンブル金沢」を連れて行くことに決めた。ベルギーのブリュッセル、ゲントや、フランスのナンシー等、五つの都市をまわった。

今思うと、できてから数カ月しか経っていなくて、しかも日本や世界中から募集してのオーディションで、まだ定員が埋まっていなかったオーケストラを、ヨーロッパのど真ん中に連れて行ったのは、無茶だったかもしれない。しかし、準備万端整うのを待っていたら何事もできないから、まず決行するのが、ぼくの主義である。

しかもこの年の八月初めに、ぼくは胃を五分の四切り取るはめになった。手術後一カ月半の演奏旅行だから、この方がもっと無茶だった。ステージに足を踏みだして、姿勢よく歩こうとすると、三〇センチぐらいある手術の跡が、猛烈に痛むのだった。さすがにもう流動食ではなかったが、軟らかいものをちょっとしか食べられなかったので、しょっちゅう立ち眩みになっていた。

自分がこんな状態だったので、この演奏旅行に、川北篤先生がドクター・イン・レジデンスとして同行して下さったのが、ことのほか頼もしく、ありがたかった。六〇年のＮＨＫ交響楽団との世界旅行以来、そのあとの南米、北米、ヨーロッパ旅行等、いつも必ずＮＨＫ診療所のお医者さんが、同行してくれていた。

ドイツのバンベルク交響楽団との日本旅行や、オーストラリアのメルボルン交響楽団との二回の日本演奏旅行でも、それぞれの国のお医者さんが一緒だった。

ただいつも、ぼくは元気だったので、なんとも勝手な話だが、お医者さんの演奏旅行同行に、あまり切実感を持っていなかったのだった。

世界中のどのオーケストラの演奏旅行でも、同行の医師は、患者がでても、本格治療行為をすることができない。楽員がかかりそうな、いろいろな症状を予想して、応急手当のための薬を、山ほど携行する。重症の場合は、その国、その街の専門病院に連絡するわけだ。

だから、いわばホームドクターとして同行しているのである。しかし一〇〇人内外のオーケストラが、言葉の不自由な外国の街から街へ、毎日のように移動して、演奏するのだ。

六〇年のN響の世界一周旅行は、八〇日間だったし、一九九六年のオーケストラ・アンサンブル金沢のヨーロッパ旅行は、二八日間で六カ国、一九都市というヘビーなスケジュールだった。

かなりの数の楽員が、体調を崩す。病気になる。

ホームドクターの同行は、だから、指揮者がいなければ演奏旅行が成り立たないのと同じぐらい、重要なことなのである。

これまでのぼくの経験では、どのオーケストラの海外大旅行でも、お医者さんが一番最初にひっくりかえることが多かった。

オーケストラが泊まっているホテルのロビーには、翌日の詳しいスケジュールと一緒に、お医者さんの部屋の番号が、必ず発表されている。

普段なら、少々アタマが痛くっても、ちょっとぐらい下痢しても、オーケストラの楽員たちは、ふつう、病院には行かないものである。

それが、旅行にお医者さんが同行しているとなると、大したことがなくても、みんなゾロゾロお医者さんの部屋を訪問するのだ。

だからまずお医者さんが、過労で寝込むことになる。

♪

先月、シドニーに行って、音楽会を一回だけやってきた。シドニー交響楽団の現代音楽のシリーズで、武満徹（たけみつとおる）を偲ぶプログラムだった。武満さんの曲を二つと、武満さんが最も影響をうけたドビュッシイの代表的な「夜想曲」と、オーストラリアの作曲家カニングハムの新曲の世界初演だった。

この作曲家は、現在オーストラリアを代表する存在である。若い頃、武満さんに師事するために東京にやってきて、一年ほど武満さんの近所に下宿して、勉強していた。

シドニーにかぎらず、メルボルンでも、いや、オーストラリアだけではなく、アメリカやヨーロッパの各地に、偉大なＴＡＫＥＭＩＴＳＵの追悼一年目、二年目……の「dedicated to my friend and teacher Toru Takemitsu」と献呈している。演奏会が行なわれてきた。

彼を生んだ国の日本は、外国ほど熱心ではない。

シドニーに着いたら、出迎えの事務局員が、いろいろな書類の入ったファイルをくれた。滞在中の細かいスケジュールや、オーケストラ事務局スタッフの名簿とか、ホテルの周りの各国料理レストランの地図である。散歩やジョギングのための地図まで作ってくれているのは、いかにもオーストラリアらしい。

どこの国のオーケストラでも、客演の指揮者やソリストに、こういう書類を渡す。その指揮者がもう何回も来ていても、その度に必ず必要なインフォメーションを出す。

これまでは、どこに行ってもこんなものだと思っていたが、現在この「おけいこ」をやっているので、初めて熱心に、これらの書類を読んだのだった。

考えてみると、日本のオーケストラは、こういう細かいサービスをしていないような気がする。

しかし外国からのお客さんとなると、やり過ぎなくらい世話をやく国だから、もっときめ細かく世話をしているかもしれない。

ただ多分、世話係の人間がいつも付き添うというサービスや、レストランやジョギングの地図を作るということまではやらないだろう。

というのは、ぼくが日本のいろいろなオーケストラに客演する場合、日本人なので、外国人用のサービスを受けたことがないからなのだ。

だが諸外国のオーケストラは、同国人だろうが何国人だろうが、誰にでも徹底的に同じことをするのを、ぼくは知っている。日本では、ぼくが日本語ペラペラなので、どこのオーケストラも放っておいてくれているのかもしれない。

シドニーで面白かったのは、「メディカル・コンタクト・リスト」である。

このところこの「おけいこ」で、オーケストラとお医者さんの関係に取り組んでいるから、これまでいろいろな国で見過ごしてきた「MEDICAL CONTACT LIST」に、ぼくは俄然注目したのだ。

たしかに、こんなインフォメーションを、日本のオーケストラで受け取ったことがない。

シドニー交響楽団の医師リストに載っているお医者さんたちは、一九九九年度の契約をしているわけで、ゲスト・アーティストは、何かあった場合、二四時間連絡がとれるのだ。

もちろん渡された事務局スタッフの名簿には、仕事のときの電話番号、自宅の電話と携帯電話の番号がすべて書いてある。こちらは二四時間、安心していられる。

幸いこれまで、どこの国の仕事でも、真夜中のSOSをしなくてすんでいる。だが、大袈裟なことを言うが、オーケストラだけでなく、日本政府、日本国全体が、危機管理体制の点で、さまざまな先進諸国より劣っていると思う。

NHK交響楽団の最初の海外演奏旅行は、一九六〇年の秋だった。地球を西回りでグルリと一周して、三五回の演奏会をやった。

ちょうど八〇日間の旅行だった。当時『80日間世界一周』というハリウッド映画がヒットしていた。偶然、題名と同じことになってしまったのだった。

日本のオーケストラとしてだけでなく、欧米以外のシンフォニーオーケストラが、世界史上初めてヨーロッパとアメリカに登場したわけである。

総勢百二十数人のN響の中で、外国に行ったことのある人間は、四人だけだったと思う。

戦前ウィーンで一〇年間勉強し、哲学博士の称号を持って帰国したドイツ語ペラペラの事務長有馬大五郎、戦後ウィーンに一年間留学したフルート首席の吉田雅夫と指揮者の外山雄三（とやまゆうぞう）、ロンドンで勉強したホルン首席の千葉馨（ちばかおる）だけである。もう一人の指揮者のぼくを含めて、一二〇人以上が、ガイコク初めてというわけだ。

スケジュールが近づいてくるにつれ、全員が異常興奮状態になった。

なにしろ約四〇年前の一九六〇年――昭和三五年なのだから、外国への恐怖が大きかったのだ。

外国での暮らし方、過ごし方について、何度もレクチャーが開かれ、講師の説明を、みんな真剣にメモしたものだ。

トイレの座り方――便座の上に乗ってはいけません。滑って落ちると危ないです。便器の蓋を背にして用を足します。逆だと汚したり、床に落下させる恐れがあります。

etc……。

　高度成長の直前で、日本はまだまだビンボーだった。宿舎は、説明によれば、時にはかなり上等のホテルだそうだ。もちろん必ず相部屋で、大きな部屋のときは、簡易ベッドを入れて、四人なんていう予定もあった。

　部屋割りでモメたりしたが、上等ホテルに泊まるときが大変だと、誰かが言いだしたので、みんながパニックになった。チップの問題である。

　散歩のためにホテルを出るとき、ドアボーイにチップを一ドル、帰ってきたときにまた一ドル渡さなければならないので、「小遣いがゼロになる」と、物知りぶった楽員が言い出したのだった。

　外貨のない時代の、無理を承知の大演奏旅行だったので、ホテル宿泊と食事は、N響事務局が一括して支払う。楽員は団体行動をしていればいいのだが、一日一人あたりの小遣いの支給が、二ドルだったのだ。

　ヨーロッパに行ってからは、ホテルを出入りする度に、一ドルのチップなどあり得ないことがわかったが、出発前は何でもパニックの原因になった。

　今思えば、N響でなく「ノーキョー」だったわけで可笑(おか)しいが、「農協」の団体さんの出現より、一〇年早かったのである。

　だから同行したお医者さんの存在は、カミサマだったのだ。その神様も、外国へは初めてだった。

ＮＨＫ診療所のＨ先生が同行のお医者さんで、先生は百二十数人の世界一周の団体旅行中、あらゆる訴えに応えて、八〇日間が二四時間勤務だった。

どこのホテルでも、先生の部屋のナンバーが、必ずロビーに表示されているので、Ｈ先生が観光や買い物で街を歩いている姿を、ぼくは覚えていない。

もちろん演奏会の楽屋でも、一室が診療所になった。

西ドイツのどこかの街で、若い金管奏者が盲腸炎になり、Ｈ先生は彼を大きな病院に連れて行き、手術を依頼した。先生は、手術された当人よりも、もっと断腸の思いで、言葉がチンプンカンプンの彼をドイツの病院に残して、オーケストラと一緒に次の街への旅を続けたのだった。

この世界演奏旅行のあと、Ｎ響は、ほぼ二年に一度のわりで、東南アジア、南米、北米、ヨーロッパ……と、海外旅行を続けた。

同行のお医者さんは、毎回変わったが、いつもＮＨＫ診療所の医師がオーケストラの健康の世話をしてくれた。

だいぶあとになって、ぼくは知ったのだが、初代のＨ先生は実に貴重な記録を作って、次の同行のお医者さんに渡していたのだった。

Ｎ響の楽員と事務局全員の、性格分析である。

「Aは、かなり疲れが溜まっても、平静に我慢しているが、お仕着せの料理に嫌いな鳥が出ると、突然キレる」

「Bは、ほんのちょっとの熱でも、大騒ぎするが、高熱が出ると恐怖のせいか、訴えてこなくなるから、要注意」

といったたぐいである。これが代々の同行医師に受け継がれ、加筆修正されていたはずだ。

ぼくのことがどう書かれているか、尋ねてみたが、笑って、教えてくれなかった。

♪

ぼくは一九六一年の五月から、ウィーンに二年ほど住んでいた。というより、ウィーンを基地にして、ヨーロッパ中駆け回っていたのだった。

もっとも、はじめの数カ月は、方々のマネージャーやオーケストラへの、売り込みの御用聞きをしていたのだが、さっぱり実りがなくて、落胆の日々が続いた。

しかし売り込みの旅の合間に、実にたくさんの音楽会やオペラに通った。

昔のメモを見ると、四カ月の間に、約一一〇回の音楽会を聴き、四〇のオペラを観ている。

ウィーンの前はミュンヘンに二カ月住んでいたのだが、友人たちとウィーンに遊びに行き、最初に観たのが、カラヤンのワーグナー「パルジファル」の初日だった。歌手陣の豪華さはともかく、カラヤン指揮のオーケストラの見事さに、大ショックを受けた。

伴奏のオーケストラが素晴らしいと、オペラってこんなにも素敵なものなのか。感動した。

翌週たちまち、ミュンヘンからウィーンに引っ越してしまった。

数カ月でこれだけの回数の音楽会やオペラというのは、この年の夏にバイロイト音楽祭へ行って、三週間連続ワーグナーの楽劇に耽溺したことも加わっている。午前や午後の音楽会に行き、夜はオペラという毎日をやっていたのだから、可能だったのだ。

あの頃、オペラ通いをし過ぎたので、ノドまでオペラが溢れてしまい、その後はあまり観なくなってしまった。

過ぎたるは……である。

売り込みに駆け回っていたということは、要するに自分が売れなくて、ヒマだったわけだ。

世界でもっとも音響が美しく、そして夢のような内装のウィーンのムジークフェライン・ザール［楽友協会］での音楽会の広告に、見慣れない名前のオーケストラがあった。

何日か前に切符を買い、当日、ワクワクして客席に座った。燕尾服の楽員たちが出てきた。チューニングを始めたのだが、なんとなくヘンなのである。音がちっとも合わないのだ。パラパラさらっている楽員もいるが、かすれたようなオカシナ音だった。

プログラムに載っているオーケストラの名前を読んだが、よくわからない。「Wiener ナントカカントカ」という長い団体名で、ウィーンのオーケストラには違いない。全員燕尾服の立派なウィーン人で、上手そうに見えるのだ。ぼくはカワユイことに、このホールで演奏する音楽家や団体は、みんな一流だと思い込んでいたのだった。

指揮者が出てきた。盛大な拍手である。

演奏が始まった瞬間、ぼくはタマゲタ。ド素人の音だった。

もう一度プログラムを読み直したが、ドイツ語が長たらしいので理解できない。しかしおぼろげに、ウィーンの胸部医学会と内臓医学会の、合同管弦楽団らしいことがわかった。下手なわけである。

日本もふくめて世界中、お医者さんには音楽好きが多い。

ひと頃、ＮＨＫ交響楽団の定期会員には、聖路加（るか）国際病院の医師や看護婦さんが、実にたくさんいた。ひとつの企業（?）の中の、オーケストラ定期会員率というデータがあれば、おそらくこの病院がナンバーワンだっただろう。現在でも、多分そうだろうと思う。

そして聴くだけではなく、お医者さんたちには、アマチュアの演奏家が多い。ピアノ、声楽、弦楽器、管楽器や打楽器など、いろいろな人がいるが、医師だから特定の楽器、ということはないようである。

だから、日本全国無数にあるアマチュア・オーケストラのメンバーには、お医者さんがとても多いのだ。

いくつものアマチュア・オーケストラに加入して、バイオリンを弾き廻っているお医者さんを、ぼくは何人も知っている。

ポケットベルは大丈夫だろうか。演奏中にピーピーも困るが、ベルを切りっぱなしなのも、緊急患者の側から考えると、ちょっと心配になる。まあ、余計な心配はやめておこう。

しかし、あの時のウィーンの、胸部医学会と内臓医学会の合同管弦楽団のような、お医者さんだけの大人数のオーケストラというのは、わが国では聞いたことがない。あったら、一度指揮してみたいものだ。

ウィーンのお医者さんオーケストラを指揮していたのは、いかにも貴公子然とした、カッコイイ、中年の美男子だった。

すごい医者がいるもんだと感心したが、後で調べたら、ウィーン・フィルハーモニーのある管楽器の奏者Pだった。

この人は数年後に逮捕されることになるのだが、事件があまりにもウィーンらしくてオカシイので、この話を続ける。

♪

さてこの男Pは、なんともカッコイイ中年の美男子だった。オーケストラの中心だったし、人気奏者だった。ウィーン・フィルの一員としてだけではなく、ウィーン管楽器アンサンブルのリーダーとして、たびたび来日していた。

ウィーンでお医者さんオーケストラを見てから三年後の一九六四年に、ぼくのオヤジのような存在だった、ウィーン・フィルの第二バイオリンの首席Hを、一年間、NHK交響楽団の客員コンサートマスターとして、招聘したのだった。

Hが着任して、三カ月ぐらい経ったころだった。この管楽器アンサンブルが、日本にやってきた。一カ月のアジア旅行のうち、日本滞在の二週間に一三回という、なかなかの演奏旅行だった。「なかなか」と書くのは、よくもまあセッセとカセグわい、という意味もある。

彼らは東京で三回演奏した。どれかの音楽会の後、ぼくはアンサンブルの数人とHを、居酒屋に招待した。ウィーンの連中は、こういうところが大好きである。日本酒で盛り上がり、みんなで下らない話をガヤガヤやっていたが、貴公子然のPは、猥談なんかに加わらず、われわれと少し距離をおいて、毅然としていた。

Hがぼくの耳に顔を寄せて囁いた。

「Pのヤツ、あんなにゲイジュツカぶってすましているが、この日本旅行が終わってウィーンに着いた途端に、飛行場で逮捕されるんだぜ」

「本人は知ってるのかい？」

「いいや、知らぬがホトケさ」

ほかのメンバーは、旅行中にこのことを知らされたのだそうだ。ウィーンを出発してから後、Pの容疑が固まり、メンバーにはオーストリア警察から連絡があったのである。

Pには知らせずに、無事にウィーンに連れ戻してくれというわけだ。国際警察を通じて日本の警察に逮捕を頼むほどの事件ではないが、もし本人が知ると、どこかよその国に逃げるおそれがある。

当時Pは、ウィーン・フィルの代表だった。完全自主運営のオーケストラだから、楽員の互選で、二年ごとにプレジデントを選挙するのだ。

何の容疑で逮捕かというと、ナント！「詐欺」なのである。

Pは大のバクチ好きだった。カジノのバカラで大損を続け、借金で首が廻らなくなっていた。なんとか挽回しようと、ウィーンの銀行に行って、日本円にして二〇〇〇万円借りたのだ。

「チェコのどこそこかの村で、モーツアルトの手紙が、発見されました。モーツアルト研究のために、非常に重要な手紙であるので、わがオーストリアのために買い取らなければなりません。正式に国が買うとなると、膨大な手続きが要りますし、モタモタ何カ月も、何年もかかります。ほかの国に取られるおそれがあります。取りあえず私が買い取ってきます」

「それは、国の文化のために、大変なことです。お任せします」

銀行は無担保で、ポンと二〇〇〇万円を貸したのだった。ウィーン・フィルの代表が、モーツアルトの手紙発見というのだ。絶大な信用である。三五年前の二〇〇〇万円は今ならもっと巨額である。Pはその足でカジノに行き、たちまち全部スッてしまったらしい。

ウィーン空港で、パスポートコントロールを出た途端、逮捕された。ウィーン・フィルのファンの大金持ちが、肩代わりして銀行に返してやり、Pの刑務所滞在は、わりと短期間だったらしい。

もちろん、ウィーン・フィルからは、除名された。その後Pのことを聞いたことがないが、どこかの国で管楽器奏者として暮らしたのだろう。なにしろウデは超一級なのだ。あるいは、アマチュア・オーケストラを指揮していたのだろうか。ヨーロッパにはたくさんの国があるのだ。

何よりもぼくがこの事件に感心するのは、ウィーンの銀行のことだ。ノンキといえばノンキだが、ものすごく「文化」を感じてしまう。ウィーン・フィルの代表がモーツアルトの手紙発見、と言っただけで、騙(だま)されたわけである。

以前、自分の十八番を質屋に入れた噺家(はなしか)のことをきいたことがある。金を返すまでその噺をしなかったそうだし、貸す質屋もスゴイ。日本は文化国だったと、感動してしまう。

レッスン6

シャフヤは大変だ！

ＮＨＫ交響楽団指揮研究員になりたてのころだったから、一九五五年ごろだったと思う。それまで現代音楽専門のタイコ叩きだったぼくは、かなり稼いでいたが、指揮者になると宣言してしまったので、そういう収入はゼロになってしまった。研究員の月給は手取りが四五〇〇円で、いくら当時としても食える額ではなかった。ときどきは恥をしのんで、タイコの内職に行ったりしていた。

かなり割のよい仕事を頼まれた。当時のＮ響の最長老のオーボエのおじいさんに言われた。

「明日の朝何時に世田谷のどこそこ教会に来い。二、三時間の仕事で、ギャラはコレコレだから、割がいいぞ」

翌日の朝、その教会を捜し当てたら、オーケストラは弦楽器なんかなくて、オーボエが二本と、ぼくのティンパニーだけだった。

若い牧師さんが指揮者で、小さな合唱団が歌い、これはその教会の聖歌隊であるらしかった。バッハのオラトリオらしいものを短時間練習し、しばらくして教会に善男善女が集まった。日曜日の朝の礼拝だったのだ。

その若い指揮者さんは練習のときとてもきびしく、ぼくのティンパニーの叩き方を何カ所か直したりした。なにしろ、ガウンの牧師さんに注文をつけられるだけで、おそれいってしまった。

礼拝が終わったあと、総勢三人のオーケストラが牧師さんの個室に招き入れられ、紅茶をごちそうになった。コチコチになってお茶をいただき、うやうやしくおじぎをして部屋をでようとしたとき、

「ちょっと岩城さん、お願いしたいことがあるのですが」

と牧師さんは、今までの威厳のあるしゃべり方とはうって変わった軽い声を出した。というよりは、なにか少し、もみ手の感じが入ったような言い方だった。驚いた。しかもこの牧師さんは、ぼくの名前を知っているではないか。

「わたしはこういうこともしているのですが、ひとつN響研究員のあなたに、いろいろなお友達を紹介していただきたい。仕事をもらえればありがたいのですが」

名刺をくれた。「浄書　カガワ楽譜」とあった。

もう一度びっくりした。

実は浄書業の人をぼくたちは通常写譜屋と言っていて、この言い方には一種微妙な差別的な響きがある。ヤクニンとか、ブンヤとか、ガクタイと同じ趣である。つまり自分で「オレたちガクタイは」と言うときには誇りを持ち、だが他人に「あんたがたガクタイは」と言われると、ムッとしてしまう、あの感じである。われわれガクタイが、「また、あのシャフヤがミスしやがった」と怒るときなんかは、この差別的な感じが丸出しになる。

牧師サマが写譜屋とは驚いた。ぼくはとても感心してしまって、この牧師さんの牧師的威厳と、写譜屋的もみ手がすごく好きになってしまって、その日のうちに友人の作曲家の林光(はやしひかる)や外山雄三に知らせた。

「おい、ヘンなシャフヤをみつけたよ。使ってみな」

外山は驚いた。この賀川純基(かがわすみもと)さんは、偶然彼の付属中学の同窓生であった。だが、写譜屋をしていることを、外山はまったく知らなかったのである。

その後、礼拝のティンパニーの仕事にありついたことがないので、牧師の賀川さんにお目にかかるチャンスは二度となかった。林や外山の新曲とか、劇の伴奏のスタジオ音楽でタイコをたたくときに、録音開始直前にハァハァ言って飛びこんでくる写譜屋の賀川さんしか見たことがない。

作曲家の仕事は間際にならないと、仕上がらないからである。

ハァハァの賀川さんは、まったくの二重人格と言ってもよいほどの違い方で、一度しか牧師サマとしての姿をおがんでいないぼくには、あのときの威厳のある姿は、夢か幻であったとしか思えないのだ。

賀川さんの写譜業の仕事は発展し、日本の重要な作曲家の写譜にはなくてはならない日本一の存在になった。そして、彼の写譜の値段は誰よりも高く、だがほかの写譜よりも間違いが少なく、しかも読みやすかったので、名実ともにナンバーワンだった。

何年か前に亡くなったが、現在でも写譜業界の伝説的な名前である。教会は日本キリスト教団松沢教会で、彼はあの賀川豊彦師の跡継ぎだったのだ。

最近わかったのだが、賀川さんは亡くなる七年前に写譜屋を引退して賀川豊彦記念・松沢資料館の館長をしてらっしゃったそうだ。

写譜屋ではないほうの、コワイ牧師の指揮者というのも、ぼくの記憶違いで、賀川さんは、お父さんの教会の指揮者を、信者としてなさっていたのだった。牧師姿と思ったのも、ぼくの無知からで、あれは聖歌隊の白いガウンだったそうだ。


♪

「生きています。岩城は最初に会ったときも、ぼくを牧師とまちがえたぐらいおっちょこちょいだったから、今回も勘違いしたのでしょう」と、編集部に賀川純基さんご本人から電話があった。「何年か前に亡くなった」と書いてしまった賀川さんは、七六歳でご健在だったのだ。申しわけないことをした。「殺してはいけない！」ゴメンナサイ。

さて、その松沢教会の賀川豊彦師の跡継ぎの賀川さんを、写譜屋として友人の作曲家たちに紹介したころから、指揮者としてのぼく自身の仕事も少しずつ増えてきたのだった。といっても、ベートーヴェンなんかを指揮するチャンスはゼロで、ほとんどはムードミュージックの録音の仕事だった。

東京フィルハーモニー交響楽団が、NHKポップスという名前でムードミュージックを演奏するラジオ番組が、毎週二回あった。オーケストラのために、いろいろなアレンジャーが、コステラネッツとか、マウントバーニ風の、大編成のオーケストラポップス曲を書いたのである。○○風といったって、結局はアメリカのレコードのコピーなのだった。現在ならとんでもない著作権法違反だが、当時だって違法のはずである。

アレンジャーたちは、みんな錚々（そうそう）たる日本の作曲家だった。毎週二回の定時番組のための編曲依頼は、若い作曲家たちの懐を、ずいぶん助けただろう。

コピーといったって、所詮はレコードの真似だし、録音も四〇年以上も前の、NH

Kポップスのぶっつけ演奏だったのだ。アメリカやヨーロッパの美しいレコードそのものを流せばよいものをと、ぼくは不思議に思っていた。

若い作曲家たちは、レコードのコピーを頼まれる。三日ぐらいの徹夜になるが、一曲一〜二万円のアレンジ料がもらえるのだ。NHKポップスという名前で、毎週二本の定時録音の仕事を持っている東京フィルの運営にも、大きな助けだっただろうし、ぼくという指揮者になりたての何でもかんでも振りたい一心の若者には、最高の仕事だった。

一回の録音は四時間である。三〇分番組だから、七、八曲の新しいアレンジが必要だ。どのスコアも、直前に到着する。

まず一度音を出す。オーケストラのパート譜に、まちがいがないかを調べる。写譜のミスよりも、むしろアレンジャー——作曲家のスコアのまちがいの方が多いものである。写譜屋はすごい勢いで、オーケストラのパートを機械的に写していくから、ミスは少ない。アレンジの仕事でも、純粋の作曲でも、作曲家自身の音譜の書き方の曖昧さが、写譜のまちがいを生んでしまう確率が大きい。ミスを怒られる写譜屋は、むしろ被害者であるのだ。

ぼくには、この番組の仕事は最高の勉強、修業になった。手書きの、大きく、しかも決して読みやすくはないスコアが到着した途端に、指揮を始めなければならない。

下読みの時間は、まったくないのだ。完全に初見である。楽譜のチェックのために通して演奏したあと、もう一回演奏の練習をする。なにしろムードミュージックなのだから、テンポの揺れをいろいろやらないと、おもしろくないし、放送のための商品にならない。

ミキサールームから「ハイ、本番！」という声がくる。一曲の録音を、テストを入れて一五分以内で、仕上げなければならない。コマーシャルのないNHKでも、番組前後のアナウンスはある。それにムードミュージックの時間だから、女性アナウンサーの甘い語りがある。だから音楽の正味は二六分ぐらいだった。とにかく時間と競争みたいな仕事だった。ぼくは超新米の指揮者として約三年間、週二回の番組の録音回数の三分の二以上を、指揮していたのだった。

そのころ広島で、ベートーヴェンを指揮したことがあったが、本番前にアナウンサーに、「岩城さんは、ベートーヴェンも指揮なさるんですか？」と聞かれて仰天した。そのショックもあったが、連続ドラマの出演者ではないから、公共放送としては、同じ名前が毎回出るのはマズイということになり、ぼくは三つのポップス用名前を持つことになった。

何年か前、札幌のホテルのバーで、隣の客に話しかけられた。

「水木ひろしという指揮者は、このごろ出ませんねえ。彼は実に才能のある人間でした。なぜか消えてしまって、惜しいと思います」

ぼくは内心小躍りした。この名前でもっとも多く出演していた。

「すばらしい指揮でした。残念なことに、若くして死にました」と殺してしまった。

♪

「最後に会ったのは、NHKの録音のときだったと思うよ。何年前だったかなあ。アイツが死んだのは何年前だろ？」

「何言ってるんだ。アイツはピンピンしてるよ」

「ヒャー、いけねえ！」

というようなことは、いつもやっている。しばらく会っていないと、ぼくはすぐ、死んだと思ってしまう。

ぼくだって、何年も会っていない友人たちの会話で、何度も殺されているだろう。もっともぼくは、テレビや活字に出る商売をしているので、わりと殺されにくいかもしれない。

とにかく会話の中ならしょっちゅうやっているが、活字で殺してしまったのは、生まれて初めてだ。

しかし実は、ぼくが勝手に、わが国の伝説的な写譜名人の賀川純基さんが亡くなった、と思い込んでいたわけではない。

この「裏方のおけいこ」で、写譜の仕事のことを書こうと思って、ぼくは何人かの写譜屋さんに、取材をしたのである。

「一九五五年ごろから活躍していた、賀川さんをご存知ですか？」

と、ぼくは聞いた。相手は、

「ええ、もちろん。あの方はわれわれの業界の伝説的な存在です。何年か前に亡くなりましたが」

現役の写譜屋さんのこの言葉を聞いたので、ぼくは賀川さんの思い出を書きたくなったのだ。取材は正確に、慎重にしなければいけないと、反省している。

賀川さんを殺してしまったおかげで、実に三〇年ぶりに、彼と電話でしゃべったのだった。

「何年か前に脳梗塞になったんです。写譜の仕事はもっと前にやめてましたが、賀川豊彦財団の理事長など、一切の仕事から引退したので、死んだと思った人がいたかもしれないなあ」

と、賀川さんは元気に笑っていた。そして、ついでに、ぼくの間違いを指摘した。

「外山雄三は、ぼくの同窓生ではないのです。外山の兄貴たちと、ぼくは教会の聖歌隊の仲間だったんです」

記憶とは曖昧なものである。ぼく自身、新聞や雑誌にインタビューされて、活字になったものにデタラメが多いので、憤慨したりしているが、自分の取材がこんなありさまだったので、非常に勉強になった。

さて、賀川さんである。

ぼくも指揮の仕事が忙しくなってきて、駆け回るようになったが、たいていはムードミュージックの録音だった。賀川さんもこういう仕事の写譜で、忙しく稼いでいた。新しいアレンジのパートが揃い、オーケストラが音を出した途端に、「あ、これは賀川さんの写譜だ」というのが、ぼくにはわかるのだった。どの写譜屋さんがどの曲を写したのかを知らないのに、である。

写譜がきれいで正確だと、非常に読みやすい。オーケストラのメンバーが、余計なことに神経を使う必要がなく、音を出すことに専念できるので、賀川さんの写譜だと、彼の美しい音がした。

ぼくは賀川さんの見事な写譜を載せたくなったので、頼んだら、

「写譜屋が書いたものを保存しているわけないじゃないか」

と笑ったが、偶然残っていた自分の写譜を編集部に届けてくれた。

♪

賀川純基さんの美しい写譜

某放送局のクズ籠にあった美しくない写譜

一七一二年にジュネーヴに生まれ、一七七八年にパリ郊外で死んだジャン゠ジャック・ルソーは、一般にはフランス人と思われているが、スイス人である。

アルテュール・オネゲルやフランク・マルタンはスイスの作曲家だ。しかし大方の人はフランス人だと思っている。レマン湖周辺の南のスイスのフランス語圏の芸術家は、みんなフランス人ということになってしまう。ベルギーのフランス語地域生まれの、作曲家セザール・フランクとか、指揮者のアンドレ・クリュイタンス等も、フランスの誇る音楽家というわけだ。

みんなフランス語文化圏だから仕方がないというか、どうでもいいかもしれないが、世界中でこう思われていても、スイスやベルギーの人間は腹が立たないらしい。ぼくがケシカランと騒いでも、しょうがないのである。

以前チューリッヒで、新聞に「偉大なスイス作曲家たちの夕べ」という音楽会の広告があった。

「ハテ、この国にそんなにたくさんのスゴイ作曲家がいたかね？」

よく読んでみたら、ストラヴィンスキーとかバルトーク等、エライ名前がゾロゾロ並んでいた。スイスに滞在した巨匠を、みんなスイスの作曲家にしてしまっている。なるほど、こういうのも〔手〕だわいと、感心した。

ジャン゠ジャック・ルソーの話に戻るが、ルソーは『エミール』『新エロイーズ』『社会契約論』『告白』などによって知られる、一八世紀の代表的な思想家である。音楽家、音楽思想家としても見逃すことのできない存在だ。

作曲家としてのルソーには、一九世紀までパリのオペラ座のレパートリーだった「村の占師」や、現在も残されている一幕もののバレエ「優美な美神たち」の他、種々の劇音楽や一〇〇曲近い歌曲等の作品があるけれど、特筆するようなレベルではない。

それよりもおもしろいのは、彼が正式な「写譜屋」の元祖みたいな存在だったことだ。

ちょっと長くなるが、海老沢敏（えびさわびん）氏の著作『ルソーと音楽』（白水社）から引用させていただく。

〈ルソーの孤独な晩年、とくに最後の八年間は、写譜の仕事で満たされている。ルソー自身が書き残したメモによれば、彼は、一七七〇年九月から一七七七年八月までの間に、なんと一万一一八五枚の楽譜を写譜している。（中略）

ルソーが一七六七〜八年に公刊した『音楽辞典』は、大変貴重な、しかも独特な味わいをもつ音楽文献である。（中略）

Cの項の途中に、なんと《写譜家 Copiste》という項目が見出される。およそ他の辞典ではお目にかかれない事項ではないだろうか。これこそ、ルソーが自分の体験を盛りこんだ特異な項目なのである。しかも、もし一般の辞典にあったとしても、おそらくは二、三行、せいぜい五、六行で片づいてしまうような小項目と思われるのに、ルソーは全五四八ページからなる初版本のうち、一二三ページから一三一ページまで、つまり九ページも費やして、縷々（るる）、写譜家の仕事の問題に取り組んでいる〉

何世紀も前に楽譜という記号が確立し、作曲家の即興演奏だけでなく、歌ったり弾いたりする他人が誕生してから、写譜屋は音楽の実践に不可欠のものとして定着していたのだ。

〈ルソーは「村の占師」に感激したルイ十五世からの年金支給を拒絶し、一介の写譜家として生活の糧を確保する。だが彼は単なる職業人としての写譜家であったのではない。彼が書き写した楽譜は、自作、他作を問わず、まさに手書きの楽譜の理想的なかたちを、姿を示しているものといってもよいだろう。(中略)

ルソーにとって、たしかに、楽譜を写すという行為そのものも、凡百の写譜家、いや、作曲家たちとはちがった意味をもっていたように思われる。だからこそ彼は、生活の糧を得んがために楽譜を書き写す必要がなくなった晩年にあっても、この仕事に嬉々としてたずさわったのである。ルソーの晩年の日課をある作家が伝えているが、それによれば、ルソーは夏の朝五時に起床し、七時半まで写譜を続け、そのあと朝食をとっている。食事中、彼は前日の午後に採集した植物を紙の上に並べるのだった。朝食がすむと、彼はふたたび写譜にかかり、それは十二時半の昼食まで続くのである。(中略)音楽に、音に、そしてその符号としての音譜に愛情を抱かず、これほどの仕事がはたして可能であったろうか〉

ルソーの『音楽辞典』は日本で訳されておらず、不勉強のぼくは存在を知ってはいたが、古い原版を探し出そうという甲斐性を持たない。

ただ、二〇〇年前の「写譜家ルソー」をみなさんに知ってほしいので、長々と引用した。

写譜という仕事は、作曲家なり、編曲者が書きあげたスコアを、演奏者の譜面台に載せるために、パート別に読みやすく写し替える……、それだけのことである。必要な道具は、ペンとインクと五線紙だけだ。実に単純である。

ジャン＝ジャック・ルソー大先生のころより、もっと昔からあった仕事なのだが、わが日本では明治時代にポツポツ出てきた作曲家の、内弟子とか書生が、修業としてやっていた。音楽の普及につれて、それだけでは手が足りなくなって、自然発生的に仕事として成立してきたらしい。日本にもいくつかのオーケストラができてくると、大きな仕事になってきた。もっと遡れば、活動写真の楽隊がある。音が鳴るときには常に写譜屋の存在が必要だった。

ぼくがタイコ叩きとして、いわゆるガクタイの端くれになったのは、一九五一年で、当時すでに東京のオーケストラは、ＮＨＫ交響楽団をいれて四つあった。

ほかに東京放送管弦楽団のようなＮＨＫ専属のいわば、流行歌専門の団体とか、日劇や宝塚や国際劇場のオーケストラもあったのだから、「写譜屋」さんは忙しかった。

写譜専門の会社のような組織は、まだなかった。

ぼくが知っている限りでは、それぞれのオーケストラに譜面係がいて、この人は楽器奏者でもあったが、ライブラリアンとして楽譜の整理や、演奏の仕事が終わっても、夜遅くまで写譜をしていた。楽譜の虫みたいな人が、どのオーケストラにもいたものである。

ベートーヴェンやブラームスのような名曲は、ヨーロッパの古い楽譜出版社からパート譜が出ているので、それを買って、どこのオーケストラも演奏していた。これは今でも変わらない。

ただ、近代や現代の音楽となると、スコアを取り寄せて、オーケストラの写譜係が、全員のパート譜を作りあげたのである。

二、三〇年前から、音楽の著作権が世界中で強力に守られるようになり、ほとんどの作曲家は、それぞれの国の音楽出版社と契約していて、オーケストラ・パートも、その出版社が作ったパート譜を借りなければ、著作権法違反として、莫大な罰金をとられるようになった。

しかも、多くの国では作曲家の死後五〇年まで、著作権が保護されている。自由にパート譜を作るのは、禁止されている。

戦後の日本は、ヨーロッパやアメリカからの目が届かなかったので、いわば海賊版の野放し状態だった。現在では信じられないような、当時では非常に新しい曲でも、たとえばストラヴィンスキーやプロコフィエフなどのパートを、オーケストラの写譜係が徹夜して、せっせと書いたのだった。

数年前に、あるオーケストラが『ウェスト・サイド・ストーリー』の抜粋を演奏会形式でやるために、こっそり写譜をして演奏したのがバレて、アメリカの出版社に約三億円の罰金を請求され、拝み倒して何千万円かで勘弁してもらった、という話を聞いている。正式にその出版社から「貸し譜」を取り寄せると、一晩に数十万円のレンタル料を取られるから、時にはモグリでやりたくなるが、バレた時の危険は、これほど大きい。

新しい音楽をやるためには、この「レンタル料」が大きく経費にのしかかってくる。作曲者やその家族のために、著作権法は非常に大切なものであるけれど、その高額のレンタル料の何十分の一程度しか、その作曲者や、あるいは作曲者死後の家族に支払われないのだと思うと、ある意味では、この著作権制度は、世界の楽譜出版社の〝マフィア王国〟を守るためのような気もするのである。

それはともかくとして、違法には違いないが、新しい仕事の写譜をする当時の楽譜係は大変だった。正規のオーケストラとなると、たとえば第一バイオリンは一六人いる。第二バイオリンが一四人、ビオラが一二人、チェロが一〇人、コントラバスが八人である。

弦楽器は二人で一枚の楽譜を見るから、六〇人の半分の、三〇人分の楽譜を、いちいち書かなければならなかった。現在は、コピーができるから、それぞれのパートの最初の一人分を書いて、それをコピーするわけだ。以前はそれを全部書いていたのだ。

管楽器は一人ずつ違うのを書くから、コピー機がある現在でも同じだけれども、やはり写譜という仕事は、スコアからパートを黙々と写す「写譜の虫」の孤軍奮闘だけでやっていたのだ。

現在は四五人の従業員をかかえる「東京ハッスルコピー」とか「プリント・センター」のような「大（！）企業」の存在があるから、以前の写譜名人賀川純基さんとか、それぞれのオーケストラのライブラリアンのような仕事は、相当合理化されてきている。

レッスン7
東京ハッスルコピーの人たち

せんだってぼくは、写譜専門の会社として、大手の株式会社「東京ハッスルコピー」を訪問した。

同社は、赤坂のど真ん中の、そう美しくもなく、別に汚くはない、ごく普通のビルの一階を使用している。

場所としては東京の超一等地だから、家賃がうんと高いだろうと、余計な心配をしたが、考えてみると、写譜専門の会社としては、これは絶対的な立地条件なのだろう。

赤坂は東京都内のすべての放送局と、ほぼ等距離にある。

NHKは渋谷、日本テレビは麴町（こうじまち）（二〇〇三年より汐留（しおどめ））、TBSは赤坂にある。

フジテレビは九七年に、お台場に引っ越してしまったが、それまでは開局以来、市ケ谷の河田町にあった。しかしお台場だって、赤坂のハッスルコピーから、そんなに遠くはない。

テレビ朝日は、現在赤坂のサントリーホールの隣と六本木・材木町の二カ所（二〇〇三年より六本木ヒルズ）になっているが、どっちにしても、この写譜会社からとても近い。

都内にたくさんあるレコーディングスタジオや、方々の音楽会場にも便利である。

要するに、ハッスルコピーは、東京でもっとも便利な場所で仕事をしているのだ。

なぜ便利なところでないとだめかといえば、出来上がった写譜のパートを、仕事場に一刻も早く届けなければならないからである。

取材訪問の最初に、同社の取締役の佐々木通和さんと、相談役の藤本誠さんに、写譜会社の仕事について、いろいろなことをうかがった。

二人は口を揃えて、作曲家たちへのウラミを、明るく楽しそうに、語ってくれた。

「約束通り、期限を守って書き上げてくれる作曲家なんて、いないんですよ。でも、写譜あげの時間は決まってる。音合わせには、どうしても間に合わせなければならない。犠牲になるのは、写譜のところなんです」

作曲家は、曲を完成させるのに精一杯で、パートに写される過程など、作曲しながら配慮できるはずもない。

かといって、作曲の出来具合に合わせて、演奏者や音出し会場を、簡単に動かすこともできない。演奏者たちには、それぞれのスケジュールがあるし、会場も予約済で、いつもこちらの都合に合うように空いているわけではないのだ。

写譜請負会社としては、そのたびに時間と人員の数を、調整しなければならないのである。

というわけで、ハッスルコピーは、どこの放送局やスタジオにも近い、都内でももっとも便利な赤坂のど真ん中に、ビルのワンフロアーを借りているのだ。

期限通りに書き上げてくれない作曲家のことをこぼしながら、藤本さんは、手品師が中空から何かを取り出すような手つきをして、

「作曲家は何もないところから作りだすのだもの、スゴイですよ」

と、ため息まじりに言う。

写譜屋の人たちが、作曲家を心から尊敬し、憧れている感じがよくわかる。

そんな人たちだから、滅多なことでは作曲家に催促の電話をかけるようなことはしないのだが、時には仕方のない場合もあったそうだ。

恐る恐る電話してみる。

「アノー、先生……、いかがでしょうか……?」

T・Tさんは「アー」と言ってガチャン、Y・Aさんは「はいはい」と機嫌の悪い低い声で、必ず「はいはい」を二回繰り返して、やはりガチャン、だったそうだ。

近年亡くなった、日本を代表する大物の作曲家たちのことを、懐かしく聞いた。読者はイニシャルから想像してほしい。

小さなビルの一階のフロアーは、大雑把にいうと二つに仕切ってある。それぞれに二つか三つの簡単な仕切りがあるが、独立した部屋として分かれているような感じではない。軽音楽、純音楽——特に現代音楽、コンピュータで手書きの一〇倍以上の時間をかけて、出版用の写譜をしている人などが、お互いにちょっとセパレートしているような風景だ。

社員の写譜屋さんたちは、全員が大きな部屋の周りに、ぐるっと壁に沿って並べられている机に向かって、仕事をしている。部屋の真ん中から見ると、三六〇度、彼らの背中、ということになる。

ハッスルコピーで働いている写譜屋さんは、一五人プラス在宅勤務が四人である。大きく仕切ったフロアーのあちら半分にも、同じぐらいのコンピュータの浄書屋さんたちが仕事をしているが、両方の行き来は自由で、どう見ても一つの会社に思える。だからぼくは、ハッスルコピーは四、五人の会社だと思ったのだが、佐々木さんの説明では、二つの会社が一緒に仕事をしているとのことだ。とにかく、日本でもっとも大きい写譜屋さんの集団である。

♪

東京ハッスルコピーの仕事場は、不思議な場所だった。何が不思議かというと、二〇人ぐらいの人たちが仕事をしているのに、声がまったく聞こえないのだ。全員が黙々と写譜の仕事をしている。

といって、緊張感をともなうような、完全な「シーン」という無音ではなく、実に意外なことに、BGMのムードミュージックが静かに流れていたのだ。

ぼくは写譜という作業は、写している音楽を、耳の中で架空に流しながら、つまり、相当に耳を使っているものと、思っていたが、BGMが流れているので、写譜とは、耳を使わない「目」の仕事だと知って、感心した。

仕事場を見学する前に、ハッスルコピー取締役の佐々木通和さんと相談役の藤本誠さんに、写譜会社の仕事について簡単な説明を受けたわけだが、写譜屋さんが連続の仕事に集中できる時間は、大体二時間だそうである。だから二時間に一度は休憩時間を設けているが、とても疲れる仕事なのだ。

昼休みのあとの午後三時のティータイムで、みんながいっせいに休めるとき以外は、決して隣の人に話しかけたりできない。孤独な作業なのである。

みんなの孤独を和らげるために、静かなBGMが役立っているのだろう。

疲れは目と首筋にひどい。ぼくが見学のために仕事場に入ってしばらくして、休憩になったが、背中ごしに彼らをみていると、休みの仕方はさまざまである。

社員同士しゃべり合う感じではなく、もちろん静かな会話は聞こえるが、お互いに仕事場の柔らかい静けさを守っているようだ。

机にうつぶせになってちょっと眠る人、文庫本を取り出す人、スポーツ新聞を広げる人……などなど、いろいろである。

オーケストラのリハーサルは、世界中だいたい同じようなものだが、午前中二時間半、ランチタイムのあと再び二時間半というのが、もっとも多い。そしてそれぞれの二時間半の中間に一五分から二〇分の休憩がある。つまり大勢での緊張の連続は、一時間ちょっとぐらい、というわけだ。

オーケストラの練習の休憩時間では、楽員たちのほとんどは、練習ホールを出て、休憩室でコーヒーを飲んだり、冗談を言ったり、ワイワイ騒いでいるのが普通である。

その点、写譜屋さんの集団は、大変静かに休憩しているのが、ぼくには面白かった。一般の役所とか会社では、一時間とか二時間ごとに、みんながいっせいに休憩することはないだろう。写譜屋さんの会社とオーケストラは、職人集団のコンセントレーションの連続の限界点で、似ていることがわかった。

われわれオーケストラの世界では、裏方――ステージマネージャーを志望して来る、

若い人を一目見て、

「あ、この男は『小屋の人間』じゃない」

とか、

「こいつは『小屋タイプ』だ」

などと思う。「芝居小屋」からきている言葉である。

劇場とかコンサートホールで働いているわれわれに、共通の言い方があるのだ。言葉では説明不可能だが、ステージの裏で働くための、天性の勘を持っているかどうか、ということである。

これに似た意味で、写譜屋にも、生まれつきの素質があるかどうか、佐々木さんにたずねてみた。

「職業にするためには、音楽全般と楽典について、高度の知識が必要なのは当然ですが、素質というと、デザインについての感覚と才能ですね」

という答えだった。

きれいな写譜は、演奏家が読みやすい。読みやすい写譜は自然で、美しいのだ。

これを聞いて、ハッスルコピーの仕事場にBGMのムードミュージックが静かに流れているのが、理解できたのだった。

ここでは写譜は、本質的にデザインの仕事なのである。

しかし面白いことに、例の伝説的写譜名人の賀川純基さんは、正反対のことを言っている。

彼は最近、A4判一八ページぎっしりワープロで埋めた、自分史のような「写譜という仕事」を送ってきてくれた。

中に、こう書いてある。

〈岩城宏之から依頼を受けてピエール・ブーレーズの作品を写譜したことがあった。現代音楽はリズムが大変複雑で、しかも音程は飛躍している。いつもわたしがしているように歌いながら写譜をするということができない〉

これでは、仕事中のBGMは、ご法度(はっと)だろう。

デザインとして写譜に取り組むプロ集団のハッスルコピーと、歌いながら写譜をした賀川さんという、二つのタイプがあるわけである。

♪

一九五六年に、ぼくはNHK交響楽団を指揮して、正式にデビューをした。二四歳だった。

しかし、その二年前ぐらいから、ぼつぼつ指揮の仕事はしていた。放送のための現代音楽の録音や、以前NHKが日比谷にあったころの、客席が五〇〇ほどの、小さいが素晴らしい音響のNHKホールの公開録音で、結構忙しく指揮をやるようになっていた。

一番多かったのは、NHKポップスの定期番組で、ムードミュージックを録音する仕事だった。

何人かの編曲者が手分けして、三〇分番組のために七、八曲のBGMみたいなのを、オーケストレーションする。

作曲者や編曲者が、締切り期日に書き上げるなんてことは、まれである。オーケストラ・パートを作る写譜屋さんたちは、徹夜の連続だ。録音開始の直前に、目を真っ赤にした写譜屋さんたちが、駆け込んでくる。

曲は三、四分と短いが、フルオーケストラのための何十のパート譜は、まとめると一曲が三〇センチぐらいの厚さになる。重い。

到着したパート譜は、すぐにオーケストラ全員の譜面台に配られ、練習開始である。ほとんどの場合、ぼくも初めて見る、書き上げたばかりのスコアなのだ。

二度ほど練習とマイクテストをして、すぐに録音本番である。この仕事は、ぼくにとって「初見」の指揮のための、最高の修練になった。

毎週こんな具合だったから、ぼくは写譜屋さんとは、いつもたまらなく眠そうにしている人種だと、思っていた。

当時は、個人で仕事をしている人が多かったから、パート譜を包んだ風呂敷を運んでくるのも、徹夜した本人なのだった。

写譜屋さんたちは、必死の徹夜だから、パート譜には、ときどきミスが書かれてしまう。

もっとも、編曲者が音譜を書き間違え、それを写譜屋さんがそのまま写す場合が、多いのだ。

初めて音にしたときに、指揮者はミスを聴き分けて、直さなければならない。何十人のオーケストラが出す音からミスを発見するのだから、恐ろしく過酷な聴音のテストをされているようなものだ。

世界中で、多くの指揮者コンクールが、予選の段階でこういう試験をして、耳のよくないのを、振り落としている。つまりオーケストラのパートに、一〇ぐらいのミスを入れておいて、いくつ指摘できるかというテストなのだ。

ぼくは自分の耳に、まったく自信がなかった。今だってないが、タイコ叩きから転向したばかりだったので、赤ん坊のころから音感教育を受けてきている、多くの指揮者たちに、すごく劣等感を持っていた。

ミスを聴き取れないで指揮をしている自分を想像すると、ゾッとするのだった。

四五年あまり、なんとか指揮者をやってきたが、聴き取る能力は、昔よりはマシにはなったと思う。というより、馴れてきたのだろう。それに考え方も図々しくなった。新しい曲の音出しで、一〇〇人のプレーヤーの音のミスを、瞬時に聴き分ける指揮者は、まずいないだろうと思う。

大きな音の楽器とか、目立つメロディのミスを聴き分けるのは、商売として当たり前だ。フォルティッシモのハーモニーの、木管楽器の低音とか、大勢の弦楽器奏者の後ろの方の一人の音なんて、聞こえないから、困るのである。

こんなのを全部パッと当てる、化け物みたいな耳を持っている指揮者は、多分、世界に二、三人いるかもしれないが、耳のよさで有名な人が何度も使ったパート譜から、ぼくが偶然、ミスを発見したこともあるのだ。

「指揮者ってすごいんですねえ。オーケストラの音が全部わかる耳をしているんですねえ」

と感心されることがある。

「全部の音が聞こえると言ったら、ウソになります。でも聞こえないと言うのも、ウソです。聞いています。聞こえない音は、存在していないと思っているしかありません」

などと言ってケムにまく。

一度録音の前日に、珍しいことに三曲、パート譜が届けられたことがあった。かなりの分量だが、パート譜をチェックしてみた。校正したわけである。たくさんのミスを発見した。邪念がわいた。そのうちのいくつかをわざと直さないで、最初の音出しのときに、オーケストラにパッパッと指摘したら、カッコイイではないか。

指揮台のぼくは、バイオリンの後ろのほうのXさんとYさんが、間違った音を弾いているのを、知っているわけだ。

しかし、このカッコイイやり方は、新人指揮者にとって、致命的な失脚につながるかもしれない危険があることに、気がついた。

♪

勘がよく、能力のある楽員は、最初に目を通す、つまり初見で弾くときに、写譜の間違いの音を、直観で正しい音に直して、演奏するものである。

複雑な現代の音楽では、まずあり得ないが、ムードミュージックのような聴きやすい音楽の場合は、そのミスの音符を、パッと直して先に進むわけだ。

あらかじめパートを校正し、わざとミスのままにしておいて、その音が間違っているのを知っている指揮者が、

「そこはFシャープではありません。Fナチュラルです」

と、カッコよく指摘するとする。しかしその奏者が、

「いや、私はFナチュラルに直して弾きましたよ」

と答えたら、一瞬に指揮者の悪だくみは、バレてしまう。

そんな指揮者は失脚するだけである。

新米の指揮者のぼくは、ちょっと前まで、オーケストラのティンパニー叩きだったし、木琴とかグロッケンシュピール（鉄琴）などの鍵盤打楽器の専門でもあった。

自分の経験でも、初見の時に、何も質問しないで、直して弾いたことが、何度もあった。

これを知っていたから、このカッコよく思われるための計画は、実行しなかったのだった。

実際に音を出した時に、間違っているはずのパートに、耳を澄ましても、第二バイオリンの五列目や、二番クラリネットが、違う音を出しているはずなのだが、聴きとれなかった。

オーケストラ全員がいっせいに音を出している最中に、中に潜っているこういうパートは、まず聞こえないものだ。

三回目のテストの時に、クラリネットの音の間違いを、やっと聴きとったが、第二バイオリンの五列目が、どちらの音を出しているのか、最後までわからなかった。

休憩の時、ぼくはそっとそのパートを覗きに行った。前の晩に、間違った音にしておいたままだったところだ。そのままだった。

しかし油断はできない。その列のXさんとYさんは、音符を直さないで、そのまま正しく弾いているかもしれないのだ。

一回かぎりの録音の時は、面倒だから、いちいち鉛筆でパート譜に書き込まないで、仕事を済ます人も、かなり多いのである。

一般的にフルサイズのオーケストラでは、第二バイオリンの後ろの方は、大きな音を出さない、あるいは出せない人たちが多い。

四五年も前のことだ。当時のオーケストラは、現在のわが国のレベルから考えると、比較にならないほど低い水準だった。下手だったのだ。

しかも新しい編曲を、毎週三〇分の番組のために録音するという、かなり荒っぽい仕事だった。

全体の水準は低かったが、勘のよい人たちもたくさんいた。

Xさんや Yさんたちが、勘よく正しい音で弾いていたら、ハッタリをやったぼくは大恥をかいたわけだ。こんな話は一瞬のうちに、東京中のガクタイに伝わるものである。

やはりぼくが、耳のよさを見せてやろうなどという、ウソのハッタリを実行しなかったのは、正解だったと思う。無理にやって、バレてしまっていたらと思うと、いま考えてもゾッとする。

こんな古い話を思い出したのは、一五年以上前に、現在の東京ハッスルコピーの藤本誠さんに、取材した時のメモが出てきたからだ。そのころ藤本さんは、別の写譜会社の代表だった。

「わざと間違えて書いたスコアを写譜屋に渡し、その通り書かせておきながら、音合わせの時、『オヤ、そこがおかしい、写し誤りだ』と指摘し、自分の耳が確かであるという力を示して、楽員に『できる』とうならせるという、凝った演出をする作曲家もいるんです。われわれ写譜屋の方で、パートを正しく直して写してしまうことも多いので、そんなところは疑問点として、一応、書き出しておきます。スコアと照らし合わせれば、すぐにバレてしまうんです」

ぼくがやろうとして実行しなかったことを、実際にやって、写譜屋に軽蔑された作曲家も、何人かいたわけで、可笑しい。

ハッスルコピーの佐々木通和さんは、藤本さんとハッスルコピー会社を、赤坂ではじめたころ、恋人との結婚を、彼女の両親にオズオズとお願いに行ったのだった。

口ごもる佐々木さんに、ご両親はいろいろ質問した。

「ところであなたは、何の仕事をしておいでですか？」

「はあ、赤坂で写譜をして……」

小さい声で言ったら、

「ほう、シャフ？　なるほど、〝車夫〟とは面白いご商売ですなあ」

と、感心された。

赤坂では現在でも、何人かの車夫屋さんが、人力車を引いている。

レッスン8
「クラシック」を定義する

『週刊金曜日』一九九八年一一月二〇日号の「クラシック音楽って何？」という、群馬県高崎市の茂木等さんの投書に、ものすごくショックを受けた。

クラシック音楽の指揮者としては、聞き捨てならない意見ではないか。

が、実は、これは四十数年前にぼくが指揮者になった初めから、ずっと抱き、悩み続けている命題なのである。

〈クラシック音楽って何？

群馬県高崎市　茂木等　団体職員（34歳）

たとえば、日本人がビートルズとまったく同じ格好、同じ歌い方で演奏したらただの物まねにしかならないでしょう？　ドイツ人がドイツ人にはわからない日本語で

（なおかつその様式までそっくり真似して）日本の歌を歌ってドイツ人が感動していたら滑稽だとは思いませんか？　一言で言ってクラシック音楽とは日本人が日本人であることを否定しなければならないのか？　ということです。われわれにしかできない「クラシック音楽」への道を最初から彼（彼女）らは完全に放棄しているとしか私には思えないのです。

話は飛躍するかもしれませんが、たとえば、サッカーというスポーツならば日本人が得意とする戦法で「本家」であるイングランドに勝つことも十分可能でしょう。芸術は勝負事ではないと言われるかもしれません。しかし、だからこそ猿真似ではない自分たちの独創性を出すべきではないでしょうか？

西洋ではどうだのこうだのといった寝言はたくさんです。自分たちで創造することを放棄して、ただひたすら忠実に西洋の真似ができるかどうかに心血を注いで、さぞや西洋人が見たら自尊心をくすぐられることでしょう。日本のすべての分野に多かれ少なかれ見られる現象ですが、このクラシック音楽という分野はそれが突出しているように思えてなりません。

そして、それに気づかず、あるいは知っているからこそ自分たちが何か高級な人種であるかのような錯覚をしている人たちが多すぎるような気がします〉

茂木さんのこの投書が載っている雑誌に、知らんぷりをして、クラシック音楽の「裏方」のことについて、ヌケヌケとアホづらかいて連載してゆくなんて、できなくなってしまった。

「……一言で言ってクラシック音楽とは日本人が日本人であることを否定しなければならないのか？　ということです……」

単純に言える人は幸福である。

最近、昔からの自分のインタビューとか、書き散らしてきたものを整理していて、愕然(がくぜん)とした。

指揮者になった最初の年の、雑誌のインタビューで、ぼくはしゃべっている。

〈ぼくは偶然日本人として生まれてきた。物心ついた頃から、なぜか自然にクラシック音楽を、ものすごく好きになってしまった。音楽家になりたくなった。

そして夢がかなって、一応指揮者になることができた。楽観的に言えば、このまま好きなクラシック音楽でメシが食ってゆけるだろう。

しかし日本人のぼくが、遠い西洋の、二百年も前のオジサンたちが作った曲を、その頃の社交界のトップモードだか、召使たちの制服だか知らないが、エンビ服という珍妙なモノを着て、人さまより多少多く稼いで暮らせるなんて、変だと思う。日本人なのに、一度しかない『生』を、こんなことに使ってしまっていいものか、悩んでい

る〉

その当時のぼくが出した結論を書く。強引きわまるが、そうでもしなかったら、二三、四歳のぼくは、クラシック音楽家をやってゆこうという気持ちになれなかったのだ。

〈モーツアルトとかベートーヴェンのような、二百年昔の西洋のオジサンの音楽ばかりやらないで、世界で一番多く『現代音楽』を指揮する人間になろう〉

ヴィヴァルディであれ、バッハであれ、その時代の「現代音楽」でなかった音楽は存在しないのだ。聴衆の耳は常に保守的であり、聴き慣れた音楽を好む。

例えばベートーヴェンの時代には、彼と同じようなスタイルの作曲家が多くいた。その中から当時の聴衆は、過激で超前衛だったベートーヴェンを選んで、後世のわれわれに伝え残してくれたのだ。

現代の聴衆も、一般的には難解かもしれないが、最新の音楽の中から選び抜いたものを、未来の聴衆に送り渡すべきである。

そのために、今生きている作曲家の新作を、今生きているぼくが、今生きている聴衆に聴いてもらう、つまりインフォメーションを渡す役割が、指揮者として生きることだと思った。

作曲家も聴衆も、どこの国の人間でもいいではないか。日本人も人類の一部なのだから。

しかしこれだけでは、茂木等さんの投書への意見としては、全く不十分である。同氏の意見と完全に同じ気持ちから出発はしたが、現在のぼくは、茂木さんのアサハカで乱暴な意見に、大反対だ。

♪

樹の股の窪(くぼ)みのところに、果実が落っこちる。果汁が溜まって、自然に醗酵(はっこう)する。猿だったころの人間の祖先が、手で掬(すく)って味を覚える。旨(うま)い。醗酵しているのだから、酔っぱらう。いい気持ちになって声を上げる。酒と歌の始まりである。

嬉しくなって樹の幹をポカポカ叩く。後には木の枝を道具にするようになっただろう。打楽器の始まりである。

自然に手が動き、身体も揺れる。踊りの始まりだ。

何千万年も前に、われわれ人間の音楽は、ウタとタイコとオドリを原点として出発したのだ。

学問的なことは知らないが、人類の発生地は、アフリカ中部だと言われている。音の遊び——音楽は、音で遊ぶ道具を増やしながら、何百万年もかかって、インド大陸に伝わったのだろう。いろいろな楽器が作り出された。インドの音楽は東南アジアを経て、インドネシアで、ガムランとして発展した。

ジプシー（マスコミはロマと言うようにしている）の移動とともに、インド系の音楽は、中近東、ロシア、ヨーロッパ全土に広がった。東欧には今でもジプシー民族が多く住んでいるが、特にハンガリーのジプシー音楽が有名だ。

二〇世紀最大の作曲家の一人であるバルトークは、僚友のコダーイと一緒に、ハンガリー音楽はマジャール人の音楽であって、ジプシー音楽ではないということの証明に一生をかけたが、マジャール民族の音楽も、大本はインドからなのである。ジプシー音楽は、イベリア半島で濃い溜まり方をした。スペインやポルトガルの音楽は、強烈にジプシーの影響を受けている。

インドネシアを通って中国大陸に伝わったインドの音楽は、雅楽の起源になり、朝鮮半島を経て、日本で雅楽として完成した。

世界中のあらゆる楽器のオリジナルは、インド産である。糸をこすって音を出す楽器は、ヨーロッパに行ってバイオリン系の弦楽器になったし、中国大陸へ流れて胡弓（こきゅう）になった。

はじいて音を出すシタールはヨーロッパのギターやハープになったし、日本の琴や三味線も中国大陸を経て来たものである。

最近はナマの音が聞けなくなったが、夜鳴きそばのチャルメラは、キックボクシングの試合前にペーペー吹くのや、ヨーロッパのオーボエと、まったく同じものだ。
ラテンアメリカの音楽は、近世のスペインやポルトガルの侵略、征服の所産なのがはっきりしているが、北米の「インディアン」やペルーの「インディオ」とか、南米の最南端の音楽にも、ユーラシア大陸の音楽の大きい影響があるのは、驚くべきことだ。

脱線するが、ヨーロッパ人どもが名付けた、「インディアン」とか「インディオ」という言い方の傲慢さには、心から腹が立つ。

アリューシャン列島を島伝いに渡って、途方もない時間をかけて、南米最南端まで移動したのだろう。人類の起源をアフリカだとすれば、地球を一回りしたのだ。

アトランティス大陸の陥没で、ヨーロッパ・アフリカと南北アメリカ大陸が分断されたのが事実なら、アフリカと南米の南端はくっついていたわけだ。しかし、そこまでぼくの大シロウト人類音楽移動論を展開する勇気はない。

音楽学者に怒られるのを承知で言えば、アフリカを源としてインドから世界中に伝播した音階の基本は、五音音階である。ド・レ・ミ・ソ・ラの五つの音だ。

たとえば、日本の伝統音楽や民謡、現代の演歌は、この典型だ。演歌の源流は朝鮮半島の歌だが、日本の文化はすべて朝鮮半島経由なのだから、同じことだ。

五音音階は世界各地に広まって、それぞれの民族に合った音階に変化した。ヨーロッパでは中世の音階を経て、ファとシが加わり、ドレミファソラシドになった。

不思議なのは沖縄の音階の、ド・ミ・ファ・ソ・シの五つだ。インドからマレー半島を通ってインドネシアで発達した、ガムラン音楽の音階と同じなのだ。

以前、沖縄の音楽グループとインドネシアのガムランのグループが、合同で即興演奏をしたのを聴いたことがある。打合せなし、もちろん楽譜なしで、いつまでも演奏が続いたのだった。同じ音階だからだ。

東南アジアから海を渡って沖縄諸島に着いた人々と、大陸から朝鮮半島経由で日本本土に移住してきた人たちは、音階のシステムから見て、明らかに違うルーツだと思う。

とにかくこの地球という星の人類がやっている音楽は、すべて親類同士なのである。クラシック音楽や、ロック、浪花節、教会のミサ……等は、みんな同根なのだ。

♪

昭和三二年——一九五七年頃のことである。ぼくはデビューしたてのチンピラ指揮者で、よくいえば新進指揮者だった。

ちょうどテレビがオーケストラの番組を放映し始めた時期に指揮者になったので、

新米のわりには、顔が知られていた。チャンネルはNHK二つと民放がポツリポツリと出てきた頃だったから、オーケストラ番組の視聴率は、今よりもずっと高かったのだ。

大阪のホテルの理髪店で、いきなり聞かれた。

「センセイ」

二五歳だったぼくは、人さまにこう言われたことがなかったので、びっくりして飛び上がった。

「先生、今作ったばかりの音楽でも、なぜクラシックと言うんでしょう？」

「えーと、ソ、それはですねえ、昔の音楽と同じ種類のだからですかねえ」

まったく答えにならなかった。

四〇年ほど前のことを思い出して、分厚い『標準音楽辞典』（音楽之友社）を引いてみた。

▼クラシック音楽　⑴古典派の音楽。⑵日本ではジャズ、ポピュラーなどに対して、西洋の伝統的な純音楽をこう呼ぶ。したがって年代的な区別はない。

なるほど⑵は明快である。こう答えればよかったのだが、辞書を引くのが四〇年遅かった。

本来の(1)はどうなのかと思って「古典派の音楽」を引いてみた。

さすがは音楽辞典で、一行二五字が、二〇一行ある。五〇二五字だ。この連載一回分が一九三五字だから、写すわけにはゆかない。

——ラテン語の classicus はもと〈納税者階級に属するもの〉という意味から〈模範的〉という意味をもつに至った。ドイツ文学では一七八五〜一八三〇年ころが die Klassik と呼ばれ、レッシング、クロプシュトック、ヴィーラント、ヘルダーをへて、ゲーテとシラーにおいて頂点に達する。ところが、フランス文学では、コルネーユ、ラシーヌや、モリエールを擁するルイ十四世の時代がクラシックといわれる。美術では盛期ルネサンスのそれが……(中略)……音楽史における古典派の時代はドイツ文学史におけるそれと一致し、思想的にはカントに発し、フィヒテ、ヘーゲルやシェリングのドイツ Idealismus の時代である……。

なんて難しいんだろう。「クラシック音楽」なんてまっぴらだ、という人が多いのもわかる。

ぼくもこういうのは苦手なのだが、がまんして五〇二五字を読んだ結果、要するにクラシック音楽――古典派音楽は、ハイドン、モーツアルト、ベートーヴェンの頃の音楽だとわかったのだ。

ところでぼくは、音が二つ以上つながって聞こえるものを、みんな音楽だと思っている。音が重なっていても、重なっていなくても、何でも好きなのだ。ジャズはスウィングでもモダンでも、小唄、謡曲、演歌とか、タンゴにルンバにサンバ、浪花節も詩吟も、それこそ「クラシック」からカントリー、ロック……と、自由自在に好きである。

もちろんその時のコンディションによって、演歌が聴きたくない日もあるし、ロックが嫌いな一週間もある。

中でもやはり、もっとも好きなのが「現代」のも含めて「クラシック」である。だから音楽商売をやるようになってしまった。しかし「クラシック」がたまらなく嫌いな日もあるのだ。そこがプロになってしまったつらさである。

だが音楽は何でもかんでも、みんな音楽だと思っているので、「クラシック」と演歌、ジャズというように、境界線を引きたくない。どれもが音楽として対等に素敵なのに、「クラシック」とか「演歌」などと区別して言わなければならないのが、悲しい。

しかしどれもこれも「音楽」と言ったら、わからなくなってしまう。世界中に無数の種類の音楽がある。前に書いたように、元を正せばすべて親類関係なのだ。区別するために仕方なくクラシックとかジャズ、演歌などと言っていることから、差別や逆差別、得体の知れない優越感やコンプレックスが生まれたのではないか。

ぼく自身は、無数の種類の音楽の中の一つである「クラシック」を、物好きにも大好きになり、病膏肓（やまいこうこう）に入って、音楽家になってしまっただけだ。

前にも書いたように、日本人の自分が西洋音楽で一生を使ってしまうことに、疑問を抱いた時期もあった。しかし人類は一つの種の動物であり、音楽も歴史的にすべてが親類だと気づいて、悩みはなくなった。

♪

わが国のクラシック音楽主催業者――マネージャー、つまり音楽事務所とか、呼び屋たちが仕事をする上での常識的計算がある。

彼らは当然、仕事の安全な利益を考える。ひと月に一度は音楽会に足を運ぶと予測するクラシック愛好者を、人口の二パーセントと計算しているそうである。

しょっちゅう音楽会が催される大きな都市についてのことらしいが、毎月一度というのは、ちょっと希望的すぎると思う。たとえば、東京では約二四万人ということになる。かなり多いような気がするし、悲しいほど少ないとも思える。とにかくこの二パーセントを、すべての主催者が、必死になって取り合っているわけだ。

日本のプロ野球ファンは、四〇〇〇万人いるという。毎年の観客動員数を調べればわかることだが、クラシックのマネージャーと同じ計算をすれば、球場に出かける人の数は、全人口の何十パーセントではないだろう。

そう考えてみると、かりにクラシック音楽ファンの数が、野球の一〇分の一だとしても、音楽家のぼくは、けっこう楽観的になるのだ。その反面、『音楽辞典』から引用した、古典派の音楽の解説にひっかかる。

クラシックの語源の、ラテン語の classicus は、〈納税者階級に属するもの〉という意味から〈模範的〉という意味をもつに至った、とあった。

どうも、これが気にくわないのだ。というより、クラシック音楽を正当づけようとする音楽家のぼくには、おそろしく痛いところを突かれたのだった。

クラシック音楽に反感をもつ人は、知識のあるなしに関係なく、本能的にこの〈納税者階級〉と〈模範的〉を感じて、アレルギーをもっているのではないか。これはものすごく正しい直観だと思うのだ。

茂木等さんの「クラシック音楽って何？」という投書に、ぼくはいろいろな意味で、戦慄したのだった。長々しくなったが、投書への結論的な反論——苦しい言い訳を書く。

一九六〇年代の後半から七〇年代の末まで、ドイツ語圏オーケストラのメンバーとして仕事をしていた日本人の音楽家の数は、四・五パーセントだった。西ドイツとオーストリア、ドイツ語地域のスイスでのオーケストラ楽員の構成を調べた、西ドイツの音楽専門誌が出した数字である。アメリカやフランスなどの、英語とかフランス語圏の記録がなかったので、ぼくにはわからない。ちなみに、アメリカ人は一〇パーセントを超えていた。

第二次世界大戦で、ドイツの家庭音楽教育の伝統は、完全に壊れたのだった。音楽教育というシステムはなかったのだ。

戦時中、敵性音楽ということで禁止的状態だった日本では、戦後、大量の若いお母さんたちが、子どもに西洋音楽を学ばせたのだった。音楽勉強の適齢期を戦争で失ったので、情熱をわが子に託したのだろう。音楽教育産業といえるほどのブームがあった。音楽教育の唯一の先進国として、日本の一般的音楽レベルは、著しく向上したし、その中から音楽家にならされてしまった多数の若者がいたのだ。日本の音楽学生の人口は、当時の西ドイツの十数倍だった。

ドイツ人は、音楽を「教育」ではなく、「教養」だと思っていたので、その意味で、ノンキだったのである。自然の「天才」にまかせていたわけだ。日本のマス教育からは、大量の音楽中流プロ階級が、生み出されたのだ。

若い音楽家の生産に遅れた西ドイツのオーケストラ界を救ったのは、戦災がなかったアメリカと、組織的な音楽教育を実践した日本の、若い音楽家たちだったのである。

現在でも世界中で、日本人のメンバーがいないオーケストラは、ほとんどないだろう。ベルリン・フィルハーモニーのコンサートマスターの安永徹（やすながとおる）さんを始め、メジャーのオーケストラの、日本人のトップ奏者の数は、あまりに多くて、ぼくにはわからない。

四〇〇〇万人のファンがいるわりには、この三、四年、野茂英雄（のもひでお）投手に始まったアメリカ大リーグの日本人選手の数は、やっと数人ではないか。小澤征爾さんや、ぼく自身をふくめて、この三〇年ほどの間に欧米の、いわゆるメジャーのカントクをやってきた日本人の指揮者は、十数人いる。

イギリス人の俳優を監督して、ロンドンでシェイクスピアを演出したのが売り物の業界に較べると、われわれ日本の音楽家のレベルが、どのくらい高いかが、おわかりいただけると思う。

先程、〝何千万年前に猿だった頃の人類の祖先が、樹の股の窪みに溜まった果汁が醱酵したのを飲んで酔っぱらい、それがウタとタイコとオドリの始まりだった〟と書

いた。

もちろんシロウトの推論であって、学術的な根拠はないが、まあ、常識的にいえば、こんなものだろう。『週刊金曜日』は学会の論文発表の場ではないので、デタラメを言うなという投書がなかったので、ホッとしていた。

音楽は、アフリカ——インド——洋の東西——全世界というふうに広がって行ったと書いたのも、ぼくの常識的な人類文化史観だから、証明なんかはできないが、一般的にいわれていることである。

地球は、核大国のトップのボタンひとつで、ぶっとんでしまうほどの、カワユイ星なのだ。どの瞬間にも、空中を飛行中のジェット旅客機は、三万機以上だそうだ。景気も、バブルのはじけも、二四時間で地球上をグルグルまわっている。インターネットの時代だ。

地球は小さい。どんなことにも、人類は混じり合い、溶け合って生きている。

「一言で言ってクラシック音楽とは日本人が日本人であることを否定しなければならないのか？　ということです」と発言する人は、博物館の真空の容器の中に永久保存されるべき、貴重な存在だ。

茂木等さんの投書で、イタイところを突かれてウロタエテしまったぼくの結論は、反論をエンエンと書いているうちに、ひどく図々しいものに成長してしまった。

どの音楽が地球のどこの出身であろうと、好きな人間が演奏し、好きな人間が嬉しく聴いているのに、メクジラを立てるな、ということだ。

サッカー——正確に英語流に言えば、ソッカー——蹴球(しゅうきゅう)は、どこが発祥の地なのか。十字軍で遠征したヨーロッパの兵隊たちが、戦いに勝って切り取った、異教徒の兵士の無数の首を、一カ所に集めるために、ゴロゴロ蹴っ飛ばして遊んだのが、起源だという説がある。

アメリカ人以外の、世界中のジャズミュージシャンは、自分の「何国人」を否定しているのだろうか。もともとアメリカの白人たちは、自分が白人であることを否定しなければ、ジャズを弾けないのか。

野球はアメリカの国技である。日本の野球選手たちは、日本人であることを否定しなければ、プレーできないのか。野球ファン四〇〇〇万人の日本人は、突き詰めた理性を持って、プロ野球のTVを見なければならないのか。

一九六四年の東京オリンピックでオランダのヘーシンク選手が優勝したから、柔道が世界のスポーツになったのではないか。

極端な例ばかり挙げてきたように思われるかもしれないが、芸能、芸術、スポーツ、経済——、地球上は何もかもこうなっている。

クラシック音楽を好きな人間の割合は、日本にかぎらず、世界中でとても小さな数字だろう。好きではない人は、「好きじゃない」というだけでいいのである。「日本人が日本人であることを否定しなければならないのか?」なんて、余計なお世話だ。

投書にカチンときて、約三カ月この問題にこだわってきた。こんな結論を書けるようになったのは、茂木さんのおかげである。本当に感謝します。皮肉ではなく、実に勉強になった。

最後にぼくの言い分を自分で裏切って、クラシック嫌いの人を勇気づけよう。

本当のことをいうと、自分で外国のオーケストラを指揮するのは、仕事であるというより、ぼくの最高の嬉しい趣味なのだ。とんでもないことを書くが、ほかの日本人の音楽家の演奏を観るのは、どうも好きじゃない。

楽しそうに見えない。外国人どもも、楽しそうにニコニコ弾いているのではない。真剣である。概して、わが国の音楽家が真剣になると、クソマジメな、つまらない顔になる。西洋音楽に合わないみたいだ。歌舞伎役者のように素晴らしく、美しくならない。だから自分のビデオは、必死になって見ないようにしている。音楽が嫌いになるから。自分さえ見なければ、クラシックは大好きだ。矛盾も極まりである。

日本のオペラ歌手が、メイキャップで西洋人に化けて、一八世紀のヨーロッパの貴婦人のしぐさをしていると、ゾッとしてしまう。

しかし全体としては、ぼくはクラシックが大好きである。だから長年商売をしてきた。

クラシック嫌いの人は、「わからない」なんてゴマカさずに、理屈もこねないで、おおらかに「嫌いだ」と言ってほしい。音楽や絵画に「わかる」「わからない」という言葉を使う人種は、世界で日本人だけである。

レッスン9
ピアノのお医者さん

「調律師」は、ピアノという楽器にとって、絶対になくてはならない存在である。家庭にピアノがある人なら、調律師――ピアノ・チューナー――のことをわかっているだろうが、音楽を聴くだけの人たちは、この重要な職業のことを知らないだろう。調律師が、ステージでお客さんの前に出てくることは、まずあり得ない。音楽の世界を支える、大切な裏方である。

『広辞苑』（第四版）を開いてみる。

▼ちょう‐りつ【調律】楽器の音を一定の正しい音調に合せること。調音。整律。「―師」

実に味気なく、そして何もわからない。しかも「―師」で片づけられてしまっている。あきれた。

音楽之友社の『標準音楽辞典』で調べてみよう。ちょっと長いが、ガマンして下さい。

▼ちょうりつ tuning〔英〕Stimmung〔独〕accordage〔仏〕楽器の音律を整えることをいう。弦楽器の調律をとくに〈調弦〉と呼んでいる。一定の音高をもたない楽器（たとえばシンバル、大太鼓、拍子木など）や楽器の製作の際与えられた音高が、長いあいだ変わらない楽器（たとえばチェレスタ、鉄琴、ベルなど）を除いて、楽器を演奏可能の状態にするために、音律を整える必要が生じる。ピアノやオルガンのように、楽器の構造上、製作に際して、ある一定の音律を与えられている楽器でも、使用によって、あるいは気温や湿度などの外的条件によって狂いを生じやすいものは、しばしば調律を必要とする。またヴァイオリンなどの弦楽器においては、開放弦における各弦の音高だけが定められていて、その他の各音高は、演奏に際して、演奏者によって作られるが、その場合、各弦の音高を調整することだけを調律（調弦）という。調律の方法は、各楽器によって異なるが、ある音を基準として、調律され、基準音を定めるには、音叉または調子笛が用いられる。オーケス

トラと合わせる場合は、オーボー、クラリネットの〈イ音〉を基準音とする。ピアノの場合は、あるオクターヴ（多くは・ハ―：ハ、また・ハ―：ヘ）を基準として、5度と4度を用いて、相対的に整えられる。ピアノやオルガンの調律は高度の技術を必要として、専門職を生んでいる。

音楽の解説文というのは、どうしてこうも、難解なのだろう。四〇年以上、現場で音楽商売をやってきたぼくには、チンプンカンプンだ。写しながら、バカバカしくなり、腹が立ってきた。「調律」のことがさっぱりわからないし、調律する人について、何も知らない。

結局最後の行の、「高度の技術を必要として、専門職を生んでいる」で、調律師の存在がわかったが、しかし、そんなことは当たり前ではないか。

これまで音楽界の、いろいろな職種の裏方について勉強してきた。次はピアノ調律師という、非常に大切な仕事について「おけいこ」しよう、これは名案だと思ったはいいが、ぼく自身がこの職業のことを何も知らないのに気がついて、愕然としてしまった。

ピアニストを兼ねているような指揮者はともかく、指揮ばかりやっている人間と調律師には、ほとんど接点がないのだ。

ピアニストたちは、自分が気に入っていたり、頼りにしている調律師のことを、よく知っている。

たいていの場合、自宅の練習用のピアノの調律は、同じ人に頼んでいるし、音楽会のときも指名することが多いようである。しかし、そのホール専属の調律師がいることもあるし、いつも同じ人で、とはいかないらしい。

よその街や外国で演奏するときは、相性のよくない調律師や、技術の低い人に当たることもある。

相性や技術については、説明を要するだろうが、実はぼくにもよくわからないので、追い追い研究することにする。

プロの調律師は、全国に何人ぐらいいるのか、調べてみることにした。

また、日本全国には、いったいどのくらいの数のピアノがあるのだろうか。

明治以来、何十年も家具になっていた超古々々ピアノも、ピッカピカの新品も、コンサート・グランドも、アップライトも含めて、ごく大雑把な台数を知りたくなったのだ。

こんなバカなことを、調べようとした人間はいなかったらしく、調査は困難を極めた。

ジャジャーン！『週刊金曜日』のわが「おけいこ」担当女性が、見事、調べてきてくれた。

♪

現在日本に、約五〇〇〇人のピアノ調律師がいることがわかった。

わが「おけいこ」担当女性が、「日本ピアノ調律師協会」というところに電話したら、「何のために、そんなことを尋ねるのか」などと、とてもヤクニン的な感じだったそうだが、とにかく教えてくれた。

会員の数は、二九九五人だそうだ。しかし、ぼくが別のルートで調べたところでは、協会に加入しないで、個人的に仕事をしているプロの調律師が、一〇〇〇〜二〇〇〇人と聞いた。

ものすごくアバウトな数なので申し訳ないが、協会員と合わせると、プロの調律師の数は、四〇〇〇〜五〇〇〇人になるわけだ。

調律師養成機関（学校など）が、全国に一三校あることもわかった。

ぼくの勝手な想像だが、「日本ピアノ調律師協会」は、加盟していなければ仕事ができないという、米国やオーストラリアのユニオンのような、強力な組織ではないらしい。

ちょっと脱線するが、米国やオーストラリアでは、オーケストラで働こうと思う音楽家は、全国ユニオンに加盟しなければ、演奏できない。

十数年前、ぼくは数年間、米国のアトランタ・シンフォニーの首席客演指揮者をしていた。

日本語に訳すといかめしいが、英語では「プリンシパル・ゲスト・コンダクター」と、別にオソロシイ肩書ではない。

ある朝の練習で、第二バイオリンの副首席が、欠席しているのに気がついた。次の日も休んでいたし、結局その週は、その人の顔を見なかった。

次の週も出て来なかったので、病気になったのかと心配で、楽員の代表者に尋ねたのだった。

「いや、まあ、ちょっと事情がありまして……」

米国人にしては、曖昧な答えだった。

三カ月後に、アトランタに戻ったが、その人はやはりオーケストラで弾いていなかった。

「彼はそんなに重い病気なの？」

代表者に聞いたら、

「実は、ユニオンを除名されたんです」

という答えで、びっくりした。

「彼は二年ぐらい前から、朝の練習に、酒の匂いをプンプンさせてやって来るようになったんです。夜の本番でもそういうことが多くなってきました。若いころのアルコール依存症が再発したのです。

バイオリン・セクションの女性たちの強い抗議で、ユニオンとしては彼に、アルコールの匂いプンプンの状態で仕事に来てはならないという、一カ月の期限付き警告を出しました。

一回目も二回目も、結局、約束は守られず、三度目の約束の二カ月後、彼が酒気プンプンで練習に現れたので、ユニオンから除名したのです。

それが、あなたの三カ月前の、練習開始の朝だったのです。

そのような人間を抱えていては、ユニオンは理事者側と対等に交渉することができませんから」

米国やオーストラリアでは、音楽監督の意見に応じて、理事者側が楽員のクビを切ることは、まず絶対に不可能である。ユニオン――組合の抵抗にあい、結局は音楽監督が追い出されてしまう。

日本のオーケストラ界も、ほとんど同じである。ただ、米国やオーストラリアでは、こういう場合、ユニオンが自分たちのために不利なメンバーを、除名することがある、ということだ。この点がわが国とは、大きく違う。

調律師の話から脱線して、こんなことを思い出したのは、「日本ピアノ調律師協会」の、「おけいこ」担当女性へのつっけんどんな応対は、協会員と非加盟者の間に、緊張関係があるのが理由ではないかと、想像したからである。

ぼくは「日本音楽家ユニオン」の特別顧問を引き受けている。現在わが国のオーケストラの大半のメンバーが、ユニオンに加盟している。しかし、非加盟の音楽家は仕事ができないという強制力を、ユニオンは持っていない。そこが米国やオーストラリアと違う。

「日本演奏連盟」という組織もある。組合的な行動をするわけではないが、一応、「音楽家ユニオン」の対抗組織である。両者は、日本的和やかさで、共存している。

ぼくは「連盟」の理事でもある。正々堂々と二重スパイをやっているわけだ。将来、どちらでもいいから、日本中のオーケストラ・ミュージシャンが、一本化してほしいのだ。だが、非加盟者は仕事ができないというような、米豪的肉食動物の世界は願わない。

「おけいこ」担当女性への、「日本ピアノ調律師協会」のヤクニン的な対応を聞いて、調律師の世界のユニオン、非ユニオンの関係を、勝手に想像し、とんでもなく脱線してしまった。誤解だったら、勘弁してほしい。

この「おけいこ」の現在の担当は、『週刊金曜日』編集部の吉田亮子さんである。ぼくが絶え間なく、あっちこっちを飛びまわっているので、知りたいことは、かなりの頻度で、吉田さんに調べ——取材してもらっている。

その報告のファクスの最後に、取材の感想がちょっぴり書いてあったりするので、おもしろい。

先だっての取材では、相手の電話の応対が、かなりつっけんどんだったらしく、

「……でした。プンプン」

と書いてあったので、ぼくはゲラゲラ笑ってしまった。

五、六年前に亡くなったと業界の人に聞いていた、歴史的な伝説の写譜屋さんの賀川純基さんから、「私はまだ生きています」と、吉田さんのところに電話がかかってきたときの、彼女の驚きと大笑いは、今でも思い出すたびに、ゲラゲラやってしまう。

吉田さんは、ぼくが「日本中に存在する超古々から新品までのピアノの台数を知りたい」と言い出したので、かなり困ったらしいが、見事に調べ上げてくれた。

「先ほどの件でFAXします。

♪

経済企画庁調査局景気統計調査課のイマイさんにお聞きしたところ、九九年三月の

調査で、五〇〇〇世帯のうち、二二・九パーセントの世帯にピアノが普及している、という数字が出ていました。

日本は一人暮らしと外国人を除いて、三〇〇〇万世帯なのだそうで、全国の六八七万世帯にピアノがあることになります。五軒に一軒はピアノをもっている、ということでしょうか。

ちなみに昨年度の国内出荷数は、四万七九四一台（全部が売れたわけではない数字ですが）。非常に景気に左右されると言っていました」

どうです。すごい数字でしょう。こうやってちゃんと調べてもらっているので、ぼくの「おけいこ」に出てくるいろいろな数字は、とっても正確なのである。当てずっぽうで書いているのではない。

もちろん、完全に正確なピアノの台数は、わからない。五〇〇〇世帯のパーセントを基準にして、日本全体の世帯数三〇〇〇万から割り出しているのだから、いわゆる統計の数でしかない。

全国にピアノ調律師が、約五〇〇〇人いることがわかった。これだって、「日本ピアノ調律師協会」の会員が二九九五人で、非協会員が一〇〇〇〜二〇〇〇人らしいから、約五〇〇〇人という大ざっぱな数を書いているわけだ。

コンサートホールのピアノ調律は特別すぎるので、数に入れないとして、一般家庭のピアノの調律にかかる時間は、だいたい二時間である。

一人の調律師が、一日に訪問できる数は、三軒だろう。向こう三軒両隣に、調律の仕事がかたまってあることはないだろうから、やはり一日に三軒まわるのが限度だと思われる。

五〇〇〇人の調律師が、一日に三軒、一年に三〇〇日働くと、一年で四五〇万台のピアノが調律されていることになる。

ピアニストの家のピアノでない限り、普通の家庭のピアノの調律は、楽器のために良心的（?）な家で、年に一回だろう。

六八七万世帯にピアノがあることにすると、年に四五〇万台のピアノが調律されているという数字は、非常に真実味を帯びる。

つまり、約二三七万台——うんとアバウトに考えると、全国のほぼ半数のピアノが、調律してもらえないわけである。要するに、家具として置いてあるだけだ。

旅順（りょじゅん）攻略の後、降伏したロシアのステッセル将軍が、乃木（のぎ）大将に贈ったピアノが、廻り廻って現在、金沢学院大学にある。将軍が要塞の中で弾いていたアップライトピアノなのだ。

これなんかは金沢学院大学が、せっせと手入れしているかもしれないが、ヒイおじいさんから伝わっている応接間のピアノなんか、下手すると半世紀ぐらい調律してもらってないかもしれない。

家庭のピアノ調律の場合、普通二時間ぐらいかかるということだが、おもしろい話を聞いた。

何年も続けて来てくれていた調律師が、転勤になったのだ。新しい人は、熱心に仕事をした。ところがその家庭から、調律師派遣の会社に、猛烈な文句がいったのだ。

「今度の人は、とても下手でダメです。代えてください」

「……？」

「前の人は、いつも三〇分であげてくれたのに、新しい調律師の方の仕事は、二時間もかかってしまいます」

実は前任者は、手を抜いていたのだ。会社はそれを言えないので、説明に大汗をかいたそうだ。

♪

Aさんは、五〇代の半ばである。東京の「ピアノ調律センター」という調律、修理専門の会社で、二三年間働いてから、現在は独立して仕事をしている。Aさんに、調律師になった経緯などを聞いてみた。以下はAさんの話である。

「ぼくは藝大で技官をしていた人の紹介で、静岡県浜松市の森技術研究所というピアノ製造会社へ研究生として、一九六二年に入りました。これからは、ピアノ技術者の仕事が伸びるんじゃないかと聞いて、この道に進もうと思ったんです。

それに、自分自身に技術をつけて、人に使われずにできる仕事をしたかった、ということもあります。ほかにも調律を学べる所があったけど、どうせなら、製作過程から学ぼうと思ったわけです。

森技術研究所の森健さんは、河合楽器の創設者・河合小市さんの一番弟子でした。河合さんが日本楽器（ヤマハ）をやめて、河合楽器を作るときについていった、七人のなかの一人です」

日本第二のピアノメーカー、カワイピアノ（河合楽器製作所）は、ヤマハから独立した人が作ったのだということを、ぼくは初めて知った。現在、世界ナンバーワンの電子楽器のローランドの創始者・梯郁太郎社長も、ヤマハ出身である。ヤマハという巨大な楽器メーカーから、新しいピアノの製作会社も、電子楽器の製作会社も出たわけだ。

ふたたびAさんの言葉。

「T・MORIというピアノを作っていた森さんが、後進の指導のために作ったのが、森技術研究所です。三年制と五年制があって、ぼくは製作過程が学べる五年制にいきました。

最初は、材木運びからやりました。職人さんに教わりながら、ピアノを作る技術を覚えるんです。

まずは機械場に配属されました。そこではピアノに使用する木材がいろいろあって、使用する各所で材質が違ってくるので、木の名前などを覚えました。次に木工、響盤（きょうばん）、調弦、フレーム、側付（がわつけ）、仕上げ（アクション組立など）、そして調整です。調律は、四、五年生になって初めて勉強しました」

Aさんは、ピアノの調律師になろうとして、まずピアノ作りを学ぶことから始めたわけだ。

「卒業するときに、社団法人になる前の調律師協会、当時の全国ピアノ技術者協会の入会審査を受けました。業界に入ってから、五年の実務経験があると、受けられるのです。それが、ぼくたちの卒業試験のようなものでした。その後、二年間会社に残って、研究生の指導をしていました。その間に、自分でもピアノを作ってみたくなって、会社から安く材料を調達して、ピアノを製作しました。そのピアノは今でも実家にあります」

そう言えば、T・MORI・PIANOのような、いろいろな名前のピアノが、あったような気がする。現在は日本のピアノというと、ヤマハとカワイの二大企業だけのように思えるが、個性豊かな、多くの超零細のピアノ製造会社が、結局は、大企業に吸収されたのだろうか。

日本にも昔は、たくさんの種類のビールがあった。それが、酒税と日露戦争後の不況の影響で需要が減少し、乱売合戦が生じてビール業界が混乱したことが原因で、一九〇六年に札幌麦酒・日本麦酒・大阪麦酒が合併して大日本麦酒が設立された。

ピアノ製造業の世界は、戦後の極度の貧しい経済的な理由で、大会社統合ということになったのだろうか。

ビールの方は、戦後、大日本麦酒が、現在のアサヒビールとサッポロビールに分割された。現在のビール会社はこれに、キリンビールと新規参入のサントリービール、オリオンビールの五社になったわけだが、最近の地ビールブームで、全国いたるところに、モクモクといろいろな味のビールが湧きだしてきた。

近い将来、ピアノでも同じように「地ピアノ」が生まれ出すようになると面白いと思う。

Aさんの話にもどる。

「それから調律、修理などを専門とする東京の宇都宮ピアノ（現、ピアノ調律センター）に就職しました。そこで二三年間家庭回りをしていました。社員は最初五人でしたが、多いときには二七人ぐらいになりました。その人数で、日本で最初の調律専門の会社として、関東一円を網羅していたのです」

♪

Aさんの話は続く。

「一九七〇年ぐらいからピアノがブームになりました。それで、調律師を大量に養成しなければならなくなり、たくさんの調律師を急造した時期があったわけです。

耳で聴く調律を覚えさせる時間がなくて、目で可能な調律、つまり、音高を機械で測定して、そのメーターを見ながら調律できるようにしたのです。営業関係の人がやっていたくらいです。ピアノサービスマンとか、呼んでいたと思います。

ピアノは機械ではなくて、厳然とした楽器なのだから、音楽的な能力と個性を持つ人間が、耳でやらなければだめだと思います。

三〇年も家庭回りの調律師をしていると、いろいろな経験をします。幼いときから、私の調律したピアノを弾いて、ついにプロになった人もいます。うれしいことです。

プロになった今も、調律を頼んでくれますし、コンサートの時には必ずコンサート調律の依頼が入ります。個人でやっている私にとっては、私の調律したピアノで育って、たくさんのプロが生まれるのが、大きな夢です。

個人の仕事は、お客さんが財産です。会社にいたときは、会社に入ってきた仕事をしていたわけです。

宇都宮ピアノを退社するときに、私の顧客は全部いただきました。会社としては顧客が減るのは痛手なのに宇都宮さんは、自分の顧客は自分で面倒みてあげるのがお客さんのためにも一番よいことだと独立する私をむしろ励ましてくれました。宇都宮さんは親の代からの調律師で、外回りのイロハ、接客マナーその他いろいろ教えてくれた恩人であり、調律師としての先輩であり、調律師という職業をよく理解してくれる社長でもあります。今現在も公私にわたりお世話になっております」

銀座のホステスが他のクラブに引っこ抜かれるとき、自分のお客さんを連れて次の店にゆくのとちょっと似ていて、微笑ましく思ってしまう。

「五〇歳になって、自分の技術が確信のもてる最低ラインを確保したと思って、独立したわけです。人に使われるということから、解放されました。

独立してからは、スケジュールを自分でコーディネートしています。お客さんには、自分の顧客のほかにピアノの先生や、自分のお客さんからの紹介の方も多いですね。

調律に回れるのは、一日に二、三軒です。アップライトで一時間半〜二時間、グランドピアノは、二時間〜三時間かかります。月に五〇〜六〇台みています。

でも実際は、その三倍ぐらいのお客さんをかかえていないと、自分の仕事は安定しません」

定期的に年に二回頼んでくるお客さんもあるし、二、三年も頼んでこない人もあるそうだ。

「なるべく距離の近い家を組み合わせていかないと、時間のロスが出るんです。数えたことはないけれど、一〇〇〇人ぐらいのお得意さんがいることになるのかな。日記のようなものをつけているので、調律に行く前に、一年前にこういう話をしたとか、どういうところを直したと書いてあるのを、読んでから出かけます。医者にとっての、患者のカルテのようなものですね。だから一〇〇〇人のお客さん、つまり一〇〇〇台のピアノのひとつひとつを覚えていることができます。

ときどき、街でばったりお客さんに会うことがありますが、とっさに名前がでてこないことはしょっちゅうです。でも、まず、この人の家にはどんなピアノがあったかを思い出すと、住んでいる所が浮かんできます。そして名前が出てきます。不思議ですね」

一般的な調律師の方々の生活がわかって、すごく勉強になった。

「家庭回りで苦労するのは、それぞれのピアノの置かれている環境がまったく違うことです。コンサート会場なんかと違って、保管がよくないわけです。

だからわれわれ家庭回りの調律師の仕事は、いろいろな条件の中で、いかに音を作りだすかということになります。メーカーが変わると、暖房器具ひとつで、ピアノのコンディションも違ってきます。長年同じ家庭に通っていれば、すぐに変化がわかります。

また、一般のユーザーにはピアノの保管の仕方をわかりやすく説明します。たとえば、ピアノは湿気に弱いので湿度と気温には気をつけるよう注意もします。要するにピアノの家庭主治医なんです。

調律のほかには、修理もします。ピアノの製造を学んだことが、とても役に立っております」

レッスン10　プロによるプロのためのプロフェッショナルな調律

ピアノの調律師の仕事について書きはじめたはいいけれど、じつは、ぼくはピアノの調律について詳しいことを何も知らないのである。

そこでプロ中のプロに話をうかがうことにした。

日本には有名な調律の名人が、何人もいる。

新日鉄音楽賞を受賞した鶴田昭弘さん、日本ベーゼンドルファー東京ショールーム技術課長の佐々木一実(ささきかずみ)さんなど、たくさんの名前をあげることができるが、もっともインターナショナルな活躍をしてきたのは、瀬川宏(せがわこう)さんだと思う。

それに、ぼくにとって個人的なつきあいがある調律師は、瀬川さんだけだ。

どういう経緯で、瀬川さんと親しくなったのかは、おいおい説明するが、まず瀬川さんをぼくの大好きなフランス料理屋に招待して、うまいワインで楽しい食事をしたあと、自宅におよびして、調律師の仕事について、語ってもらった。

じつは、瀬川さんと調律の話をするのは初めてである。

それまでは音楽上の仲間として、三〇年あまりつきあってきただけである。

日本に約五〇〇〇人の調律師がいるとすると、その九九パーセントは、ゴルフにたとえれば、いわゆるレッスン・プロである。瀬川さんは、その中で世界中を駆け回り、世界中の巨匠たちのために調律をしてきた、ゴルフの世界ランキング上位のトーナメント・プロだといえる。

自宅にピアノを持っている人が、一年に一度ぐらい調律を頼むための、直接の参考にはならないかもしれない。

フランス料理のごちそうをギャラということにして、ぼくの家でインタビューを開始した。

その何分の一かを、対談の形式で載せる。

瀬川　ピアノの調律師という仕事は、演奏家をＦ１のレーサーにたとえると、そのレーサーをサポートするピットマンなんです。

ですから、車がピットインしたときに、タイヤを取り替えるとか、オイルの調子はどうだとか、そういったことを決められた時間のなかで調整します。

当然、レーサーからのリクエストも入ってくる。それが演奏会のときもあるし、演奏会の二、三日前のリハーサルのときもある。さらに、ご自宅のピアノをみることもあります。

そうすると、こういう感触が好きなんだな、というようなことがわかります。

岩城　瀬川さんが調律をすると、みんな同じように調整されるのですか？

瀬川　基本の部分は同じです。でも、天気・気圧・気候によって、調整は変わってきます。

Ｆ１レースで走るための車で、時速四〇キロ制限の東京都内を運転できる人は、いるんです。でも、そのＦ１車を扱いきれる技術はすごくレベルが高いんです。普通の家庭や学校にある楽器は、いわゆる街の中を走っている車です。コンサートというサーキットを走るスポーツカーが使われるようなものです。コンサートというサーキットで、カーブをいかにうまく速く走り抜くか、というのが演奏家のテクニックです。

レーサー――コンサート・ピアニストをサポートするために調整をやろうとするには、やはり普段からその方が街中で乗っている車では、どういう調整が好きか、ということを知っていなければできません。

岩城　ピアニストのなかには、自分の好みを言葉で言えない人が、たくさんいるでしょう。

瀬川　ほとんどです。

岩城　それなのに、なぜ、どうしてほしいかがわかるのですか？

瀬川　まず、国民性です。国民性というのは、言語ですよね。次に体型・体つき、それからイスの高さ、つまりピアノの前に座っている姿勢です。

岩城　脚の長さと胴の長さは重要なんでしょ？

瀬川　関係ありますね。演奏会のための調整は基本部分を調整して、あとは味付けをしていくかんじです。

岩城　ピアニストは、「なんだかイイ」とか「なんだかイヤダ」とか言っているだけでしょ。

瀬川　ほとんど、そうです。それが英語の場合もあるし、イタリア語やフランス語ということがあるから、そのニュアンスを理解しなければならないんです。

瀬川さんの話は、調律師のこまかい仕事の話の最初をすっとばしてしまって、調整する相手の「ピアニストとの勝負」みたいなことで始まった。

彼はリヒテルとか、ミケランジェリ、ケンプ、シフラ［ツィフラ］などの世界中の巨匠に気に入られ、つねに巨匠たちの名指しで仕事をしてきた人である。

♪

瀬川宏さんは、今年（二〇〇〇年）五七歳。現在は、ヤマハ㈱・アーティストサービス東京主査である。ぼくが知り合ったのは、彼が二七歳のときで、ドイツ・ハンブルクのヤマハ・オイローパの技術駐在員だった。

一九六〇年代の中ごろ、ぼくはハンブルクに住んでいた。ヨーロッパで音楽活動をするための基地として、ハンブルクを選んだのだった。この基地を起点として、ヨーロッパ中を飛び回っていた。

当時ハンブルクは、ヨーロッパの航空網の中心点のひとつだった。もちろんロンドンとか、パリ、フランクフルトなどの中心になる空港はあったが、日本にもしょっちゅう仕事で帰っていたぼくにとって、ハンブルクは北極回り路線のヨーロッパ最初の空港だったし、日本に飛ぶとき、東京にもっとも近い便利な場所だった。

日本の多くの会社の主な支店も、ハンブルクにあった。

ヤマハピアノの対ヨーロッパ最重要基地も、ハンブルクにあったわけである。これは北極回りで、日本からもっとも近いというばかりでなく、当時ハンブルクがヨーロッパで一番重要な港だったからだ。ヤマハのヨーロッパ向けのピアノを、船で運ぶためめに、ハンブルク港は絶対的な強い地位をもっていた。

二七歳の瀬川さんが、技術駐在員としてハンブルクに派遣される前、ぼくはヤマハの村上輝久（むらかみてるひさ）さんという調律師と知り合っていた。村上さんは、ヤマハ派遣の調律師として、多くのヨーロッパのピアニストと知り合い、彼らの調律師となった。村上さんの調律があまりにも素晴らしいので、巨匠たちが彼を指名するようになり、彼らの望みでスタインウェイや、ベーゼンドルファーなどのピアノを、各地のコンサートホールで調律するようになった。

ヨーロッパのピアノ会社は、新興日本の会社の技術者が、自分たちのピアノに触れるのを極度に嫌い、あらゆる妨害をした。

しかし、有名なピアニストたちの希望のほうが、ヨーロッパのピアノ会社の反対より強力で、つまり村上さんの派遣は、ヤマハピアノのヨーロッパ進出作戦の先兵として、大成功だったのである。

この村上さんが、日本人の第一号の国際的調律師だったわけだ。

ぼくは村上さんがヤマハ・ハンブルクの駐在員かと思っていたのだが、これを書くために調べてみると、彼は日本のヤマハから、出張していた調律師だったのである。しかし二年ぐらいいたらしいから、ずいぶん長い出張があったものだ。

村上さんは瀬川さんを、自分の後任者としてぼくに紹介した。瀬川さんは、日本人で正式な第一号のヤマハ・オイローパの技術駐在員だったわけだ。

村上さんもぼくも、当時はボウリングに凝っていて、村上さんが日本に帰ったあと、赴任したばかりの瀬川さんにぼくはボウリングの手ほどきをした。

今は信じられないが、このころのぼくは、年間のアベレージが一八〇点を超す、ボウリングマニアだった。アベレージ一八〇というのは、当時のプロのテスト合格点数である。

ぼくは世界中、アメリカも含めてどこに行くときも、あの一五ポンド――約七キロの重い、自前のボールを持って歩いていた。

ボールも何種類か持っていたので、いらなくなったのを瀬川さんにプレゼントした。ボールの穴が、瀬川さんの指に合っていたかどうかは、覚えていない。

ぼくもヨーロッパ中を指揮して飛び回っていたし、瀬川さんもヤマハの駐在調律師として、村上さんが敷いた路線を忙しく歩んでいた。つまり、瀬川さんは村上さんに次ぐ、日本の国際的調律師の第二号だったのである。

瀬川さんとぼくは、いつもハンブルクにいたわけではないが、たまに二人ともハンブルクにいるときは、ボウリングをやっていた。

だから彼とは、調律の話をしたことがなかったのだ。

その瀬川さんが、どうやって調律を学んだのか話してくれた。

「たまたまアルトゥーロ・ベネデッティ・ミケランジェリという天才ピアニストの調律をするチャンスがありました。この人はピアノのありとあらゆることを熟知していました。その上で調律に要求する。彼が『何かおかしい』と言えば、おかしいに違いないと思うほかありません。

演奏会の終わったあと、先生はぼくをピアノの前に連れていって、ひとつの音をポンとたたき、怒った顔をして帰ってしまう。何も言ってくれないのです。翌日の演奏会に備えて、ぼくは徹夜してその鍵盤の何が先生を怒らせたのかを調べる。何日目かに、はじめて先生はうなずいてくれる。こうやってぼくは学んだのでした」

♪

瀬川　ミケランジェリ先生のような、それこそ世界ナンバーワンの、F1レーサーのようなピアニストの調律で一番神経をつかうことは、鍵盤のタッチの感じです。もちろん、ピッチを完全に整えるのは当然ですが、一般の方々は「調律」というと、ピアノの弦の音程を整えることだと思っていらっしゃるでしょうが、もちろんそれが第一条件です。本物のピアニストの場合は、このことから始まって、鍵盤のタッチや、弦をたたくハンマーを、その先生の音色感をつかんだうえで、ほぐしたり、固めたりとか、いろいろ大変な仕事があるのです。たとえば、これは鍵盤の部品で、パンチングペーパーというものです。

瀬川さんは、厚さ数ミリメートルの、丸い〝イボコロリ〟の絆創膏(ばんそうこう)みたいなものを、一〇種類ぐらい紙に張りつけたサンプルを見せてくれた。一〇種類、すべて違う厚さのものである。違いがわかりやすいように、どのイボコロリにも、それぞれ違う色がついている。

瀬川　鍵盤の下にこれが入っているのです。厚いものだと一ミリから、薄いものは〇・〇三七ミリまであります。鍵盤を打ちおろしたときに、キーによって、いろいろ厚みを変えて、いわばクッションの役目をします。

ですから、ピアノの八八鍵は、白鍵も黒鍵も、整然と真横に並んでいるように見えますが、鍵盤を押したときのへこみかたは、一ミリから〇・〇三七ミリまでのあいだの、いろいろなのです。

その先生の指の癖によって、八八鍵の鍵盤のへこみかたは、さまざまな違いがあるわけです。

だから、われわれは、ピアニストの癖をのみこんで、たとえばドの音のためのパンチングペーパーを、〇・五ミリにするとか、その隣のレを〇・〇三七ミリの厚さのものにしたりするわけです。

ほとんどのピアニストは、このピアノの鍵盤のパンチングペーパーについては知らなくて、ただもう、「このキー、なんとなく感じが悪い」というふうに、言うだけなのです。

こうやって調整するわけですが、このパンチングペーパーをどう組み合わせるかで、そのピアノの鳴り方は、まったく違ってきます。

こういうふうにいろいろなことをやっているわけですが、ピアノの内部には、さまざまなものが組み合わさっているのです。木材は、一二から一五種類ぐらい使われています。鍵盤は松材とか、というふうにです。

岩城　ピアノの部品は、全部でどのくらいあるのですか?

瀬川　ジェット機のように、何万種類というわけではありませんが、六五から八〇ぐらいです。

また塗装することでも音が変わってきます。三〇年ぐらい前までのラッカーは松系、その前の一〇〇年ぐらい前からはゴマとか、材料にしても、ラッカーにしても、松系が多いということは、バイオリンなんかと、基本的に似ているんですね。

岩城　それから、コンサートホールのステージの床も、大きく音に関係しますね。ヨーロッパでは松系が多いでしょう。

瀬川　やはり響きがいいんですね。建築家は、松には節が多いから嫌いますけど。

岩城　日本人は、檜(ひのき)を使いたがるんですよね。「檜舞台」という言葉から連想するんでしょうか。日本の能などには、適しているのです。西洋音楽には向きませんね。

瀬川　質の違いでしょうね。日本の伝統音楽には檜が合って、西洋音楽には、基本的には松なんだと思います。しかし、たとえば日本で檜を多く使っているコンサートホールのなかで、西洋人の巨匠ピアニストのために、ピアノを調整するのは、至難のわざです。

岩城　だから〇・〇三七ミリというような細かい仕事が必要になってくる。

瀬川　ピアノの音を出すためには、テコの原理を使っているわけです。鍵盤を押すと、ピアノのなかでハンマーが弦の下から上に突き上げてくる。いつまでも突き上げていてはだめだから、調整によってハンマーが弦にあたる寸前で止まるようにします。あとは慣性によって、弦に当たるまで跳ね上がり、瞬間に跳ね返るように調整しているのです。

だから、ハンマーが弦の手前で止まるよう、弦との距離を、パンチングペーパーで調節するわけです。

音程をつくるために、それぞれの弦の太さが違います。張力も八〇から一二〇キロで張られています。ひとつの音についてですよ。これの八八倍が、ピアノのなかで引っ張り合っていくことになります。平均一〇〇キロとして、八トン以上の力がピアノのなかで緊張しているわけです。

♪

ぼくのつれあいは、ピアニストで、おもに現代音楽の演奏活動をしている。演奏会が近づいてくると、ときには一日に一〇時間ぐらい練習をする。だから家のピアノはしょっちゅう狂っている。しかし、コンサートホールのピアノのように、毎日調律するというふうにはいかないから、平均するとひと月に一度ぐらいは、専門家に来ていただいている。

瀬川さんに家に来てもらって、話をきいたときは、前回の調律から三週間ぐらいたっていた。

つれあいが、

「瀬川さん、だいぶひどくなっているから、ちょっとみてくれません？」

瀬川さんは、パラパラッと全部の音を出して、

「結構なんとかなっていますよ。ちょっと目立つとこを数カ所、応急措置をしておきましょう」

調律師はさすがである。ぼくとご飯を食べるだけだったのに、ちゃんと調律の七つ

道具が入ったカバンを持っていた。

ピアノは高音のほうの音程が少しおかしくなっているので、調律用のネジ回しみたいなのを出して、ちょんちょんと狂っている弦を合わせた。

「ギュッと力をいれて回すわけじゃあ、ないんです。このくらいの感じです」

と言ってぼくにネジ回しの柄(え)を軽く握らせた。

そしてぼくの指の上から、人指し指と中指で、チョッチョッと二、三回触った。

「このくらいの狂いは、こんな感じで直すんです。すごく微妙でしょう」

瀬川　ピアノの構造は、実に複雑です。張力についてはさっき言いましたが、たとえば一番下の低い音の二七・五ヘルツを出すには、物理学的に言うと、弦の長さが六メートルぐらい必要になります。高い音にいくにしたがって、だんだん短くなり、一番高い音は、実際にこのピアノの弦の長さと同じく、五・三センチぐらいになるわけです。

でも、六メートル以上の弦を張るのは構造上、無理です。だから低い音は、ぐるぐる螺旋状(らせんじょう)に銅線を巻いて、長いバネのようになっています。

そして、低い音には太い弦を使い、高い音になるほど、弦を細くしています。でも、あまり細いと、ハンマーの打撃によって切れてしまいますから、高いほうの音は、音一つにつき、弦が三本になっているわけです。真ん中あたりは二本ですね。こういうことを考えて設計していくと、必然的にピアノは翼の形になるんです。

ドイツ語では、ピアノをフリューゲル（翼）といいます。

岩城　とにかく複雑なんですね。

瀬川　ひとつの楽器で、音楽で使うもっとも低い音から、もっとも高い音まで出しますからね。

調律は、一オクターブを一二の音で等分に分けて、そこに半音の間隔で、少しずつズレを作るということなんです。調律に大切なことは、①耳、②手先の器用さ、③根気が続くための体力です。

岩城　オーケストラ・プレーヤーたちは、自分たちのことをガクタイ――楽隊と自称しますが、これは自分たちの職業を、誇りをもって、どちらかと言えば卑下しているという感じですね。だから音楽家ではない人から「あなたがたガクタイは……」といわれるとムッとする。自分たちでは、「オレたちガクタイは……」と言っていますがね。でもこのごろの若い人たちは、あまりこうは言わないようです。「ヤクニン」「ブンヤ」「ブンシ」なんていうのも、同じようなニュアンスなんでしょうね。「調律師」と言われると、どうなんですか？

瀬川　調律師は調律師と思っているだけです。米国ではチューナーとか、テクニシャンと言われています。音を合わせるのがチューナーで、テクニシャンはメカニックのわかる人で、さらに音を合わせられる人です。総合的に楽器を扱える人が、テクニシャンです。だからテクニシャンのほうがエライという感じです。

岩城　ドイツ語では、シュティムマーですね。これは声（Stimmen）からきているんですか。

瀬川　そうです。声、音律からきているんです。日本語でも、音を整える人という意味ですから、調律師というのは、的確な訳だったと思います。

岩城　瀬川さんは、どういうきっかけで調律師になったのですか？

瀬川　ぼくはもともと音大でチェロをやっていたのですが、ピアノと一緒に演奏する機会が多くなったので、ピアノの調律のことに興味をもつようになった。それで音大を卒業してヤマハ（日本楽器）のピアノ技術研究所に入ったのです。一年間学んで、そのままヤマハに入社したわけです。

♪

瀬川宏さんは、静岡県の三島で生まれ、三島で育った。小学校五年のときにチェロを習ったのが、音楽への入門だった。きょうだいが多く、三人のお姉さんがピアノの勉強をしていた。父上は建築家だったが、音楽が好きで、バイオリンを弾いていたので、瀬川さんにとっては、幼いころから音楽が身近な存在だった。

しかし三島では、チェロを勉強することはできないので、そのために東京に出かけ、中島方(なかじままさし)さんという有名な先生についた。そして音楽大学に進んで、大学の四年間は、一柳信二(いちやなぎ)さんに師事した。作曲家・一柳慧(とし)さんのお父さんである。

一柳さんは、フランス留学などの経験もあり、チェロについてはもちろんのこと、音楽全般を幅広く勉強するように指導した。その影響もあって、大学ではチェロのソロだけではなく、デュエットやアンサンブルなどにも、積極的に参加するように心がけた。

そのころ、一緒に演奏するピアノの調律のことが非常に気になるようになり、大学の卒業試験が終わったときに、ヤマハのピアノ技術研究所の募集があったので受験して勉強し、調律師としての道を歩むことになったわけである。一九六五年のことだった。

瀬川　ピアノ技術研究所に入ってまずショックだったのは、あれだけ親しんできたピアノの音が、わからないことでした。三カ月ぐらい、悩みに悩み、迷いに迷いました。

岩城　……?

瀬川　ピアノの調律の音としての響きが聞こえなくて、ピアノの楽音しか聴くことができないわけです。
岩城　と言われても、ぼくには、ますますわからないですよ。
瀬川　要するに、音楽として聴いてしまうからなんです。調律師というのは、ピアノが演奏されていても、その音一つひとつのピアノの音を、常に分析していなければならないんです。

ぼくにも、確かに思い当たることがある。ぼくがＮＨＫ交響楽団の指揮研究員になって、しばらくたったころ、ウィルヘルム・シュヒターというドイツ人が常任指揮者だった。それはそれはコワイ、厳格なドイツ人だった。

五〇年代の終わりごろだった。Ｎ響の演奏を向上させるために、一時期、彼はＮ響の中継録音を許さなかった。定期演奏会の曲目すべてを、レコードを制作するのと同じやり方で、厳密でパーフェクトな録音を強制した。一つのプログラムを一週間練習し、そのあと何日もかけてスタジオで録音した。

演奏会の中継録音というのは、いわゆるナマであって、常に小さなアクシデントやミスがある。それをそのまま放送に出していたわけだが、シュヒターは、数十小節、ときには数小節を何十回もやりなおし、そのなかの完璧なところのテープをつないで、放送に出した。

ぼくたちは、放送のための録音と、レコード制作のための録音を区別していた。放送のためなら、そんなにパーフェクトでなくてもよかったのである。

しかしシュヒタ―は、これを絶対に許さなかった。完璧性だけを追求したのだった。あまりのしごきのすごさに、ある楽員はノイローゼになり、強度の不眠のために睡眠薬を多用して、もっともしごかれた日の次の明け方、もどした物が気管につまって、死んでしまった。自殺だという説も流れたほどである。

そのシュヒタ―が完全に信用していた細野達也さんという、当時のNHKのN響番組のプロデューサーがいた。シュヒタ―は、録音を始めると、一言もオーケストラには言わず、ミキサールームの中の細野さんの指示どおりに指揮をした。ぼくは、ミキサールームのなかで、細野さんの横に座って見学していた。

「ストップ」、「もう一度何番から」、「ハイ、ストップ」、「もう一度」「もう一度」……というように、一カ所が完璧に演奏されるまで、何十回も演奏をさせた。シュヒタ―も黙々と、細野さんの指示に従っていた。

たいていの場合、ぼくは、なぜ細野さんがストップをかけるのかわからなかった。音楽はきれいに流れているし、第一バイオリンは美しく歌っている。だが、「ストップ」なのである。何週間も立ち会っていると、だんだん、ぼくにはわかるようになっていった。細野さんは、録音のためだけに耳を使っていたのだ。オーケストラの全パートがピタリと合っているのかいないのか、のみに集中していた。

ぼくは「音楽」を聞いていたのだった。耳がよいとか悪いとかではない。耳の使い方なのである。

瀬川さんが最初のうちは、ピアノを「調律する物体」として聞けなくて、「ピアノ音楽」を聞いてしまったという悩みが、ぼくにはよくわかる。しかし「おけいこ」の生徒諸君は、このぼくの説明で理解できるだろうか。

♪

ピアノの調律を、専門に習いだしたころの瀬川さんは、三カ月ほど、ピアノの演奏を聞いても、音楽全体として聞いてしまう自分の耳に悩んだが、ずいぶん苦労して努力の末、自分の耳のなかのチャンネルをあわせる仕組みがやっとわかり、調律としてピアノの演奏が聞けるようになったそうだ。

瀬川　ピアノの調律というのは、音の高さを整える作業です。その方法は、音のズレが「ウナリ」というものを発生させるため、それをコントロールするわけです。

当時、調律学校の授業は、朝八時半から夕方五時まででしたが、授業が終わってからも、先生につきあっていただいて、毎晩特訓を受けました。音楽会には一切、行きませんでした。音楽を聞いてしまうからです。

岩城　調律としての音の聞き方というのは、どういうことなんですか。

瀬川　調律の訓練では、たとえば一秒間に四四〇ヘルツ（標準音）の音と、四四一ヘルツの音とを、同時に出します。一秒間に振動する音波の数のことですが、この一ヘルツ違う音を同時に出すと、一ヘルツのズレができます。

岩城　難しくてよくわかりませんよ。

瀬川　一ヘルツの違いの音が同時に出ると、一秒間に一回ずつのウワーン、ウワーンというウナリが出るんです。

（瀬川さんは、机を指でトン、テ、トンと叩いてみせる）

瀬川　計ってみてください。

（時計を見ると、きっかり一秒間のトン、テ、トンになっている）

瀬川　この一秒間に一回のズレというのを、体で受け止めなければならないのです。そして次は自分自身の技術として、それをコントロールしなければなりません。一秒間に一回だったズレを、こんどは二にするとか、三にするとかです。

音程を作るための基本は、オクターブを一二の音で等分に分ける、ということですが、そこに半音の間で、少しずつズレを、わざと作ります。現実には完全五度にもズレはあるし、完全四度にもズレがある、というようなズレが必要なんです。人間の耳に快いという音程の〝味〟かもしれません。これがわれわれの、調律という仕事なわけです。

その耳で聞くズレ、われわれはウナリとかビートと言いますが、そのビートのとらえかたが問題なんです。ピアノの弦の音の特徴として、ひとつの基音に対して、いろいろな倍音が含まれています。

たとえば、一番下のドをならすと、そこから上にド、ソ、ド、ミ、ソ、シの半音下、ド、レ、ミ……というふうに、ずっと上まで、実は音が響いているんです。

耳には直接聞こえないけれど、どんな音をならしても、その倍音が同時になり、それが人間の耳に快感を与えるわけです。

基音だけならいいのですが、倍音がそこに伴ってきた場合、その倍音にもズレが生じます。そのまた上の倍音にもズレがある、というように、一つの音だけでも、すごく複雑なことになるんです。最初のうちは、どのウナリが必要でどのウナリが必要でないか、の判断が難しいんです。

そしてピアノはハンマーで弦を打って音を出すわけですが、柔らかく打ったときに含まれる倍音と、強く打ったときに含まれる倍音が、違うんですね。

それがピアノの、いわゆるピアニッシモからフォルティッシモまでの表現力のある音色ということになるんです。

われわれの仕事は、「整音」であって、ピアニッシモの時の倍音、フォルティッシモの時の倍音、中間のメゾフォルテの時の倍音、各鍵の音が全域にわたってバランスがとれるように、滑らかにしなければなりません。

倍音というものは、ある意味で不純な刺激的な要素もありますが、かといって、その刺激的というものを取り除いて、あまりきれいにしすぎてしまうと、単調で、おもしろくなくなってしまいます。

音楽の表現としては、凶暴な、恐怖感をあたえるような響きも必要かもしれないし、同時に安らぎを感じる、深い響きも必要になります。

岩城　機械的に計測はできないんですか？

瀬川　できます。でも、できないんです。そこを言葉で言うのは不可能です。

もちろん、あるレベルまでは機械調律でもっていくことはできます。でも、曲を弾くとなると、塩加減というのかな。スープは飲み始めにちょっと薄いと思うくらいのが、最後まで飲んだとき、本当においしいですよね。

ぼくらの仕事にもそれがあるようなんです。断言はできませんが、でもそうじゃないかな、と思うんです。

♪


この「おけいこ」で、ずっとピアノの調律師のことを続けてきた。

はじめの方で、「日本には有名な調律の名人が、何人もいる。新日鉄音楽賞を受賞した鶴田昭弘さん、日本ベーゼンドルファー東京ショールーム技術課長の佐々木一実さんなど、たくさんの名前をあげることができる」と書いた。

ぼくが『週刊金曜日』で、エンエンとしつこく「調律」に取り組んでいるからではないだろうが、音楽雑誌『音楽の友』の二〇〇〇年五月号で、ぼくにはちょうど都合のいいインタビュー記事にお目にかかった。「クラシック音楽業界仕事場探訪」という連載の「今月の人・佐々木一実さん」である。

取材・文・撮影は大山真人さんという方で、佐々木さんの仕事現場の写真がいくつかと、調律師の七つ道具を写してあって、とても参考になった。まず、その写真の解説を転載させてもらう。

〈外見は普通のアタッシュケースだが、中には見なれない特殊工具がぎっしり詰まっている。通常の作業で使用するものはほんのわずかだが、万が一に備えてピアノの弦、交換部品も入っている。〝ピアノのお医者さん〟だけあって、体温計ならぬ温湿度計や注射器、薬品なども入っている。アタッシュケースの重さは10数キロにもなり調律

師を困らせる〉

注射器は、ピアノの弦を叩く、ハンマーの硬軟を調節するためだろう。

以下『音楽の友』のインタビューから拝借する。

〈調律師になるには調律師養成専門学校に入るのが先決である。そこで資格を取得し、企業のサービスマンとしての仕事に就くこと。自社のピアノを購入していただいた家庭に、定期的に訪問して調律するのが一般的な仕事である〉

（佐々木さんが語る）

〈「1日数軒の家を回るのが普通です。時間も限られますし、中身をどんなに見事に仕上げても、外見をピカピカに磨かないと納得していただけません」〉

ここのところは、一般家庭のピアノ調律についての考え方がわかって、面白い。

〈佐々木一実さんも、高校を卒業すると調律師を目指して浜松にある専門学校に入学。卒業後、企業のサービスマンのひとりとして盛岡の楽器店に就職。その後、第一線で活躍しているピアニストのひと言が、調律師としての彼を目覚めさせることになる。「地方にあるスタインウェイの音がよくない。盛岡でもキチンと調律できる人材を育成して欲しい」という強い要望に、当時の上司、小田泉さんが反応して、佐々木さんが抜てきされ、スタインウェイの輸入総代理店だった松尾楽器で3ヶ月間、徹底した再教育を受ける。（中略）丁度、ポリーニ、ブレンデル、ホロヴィッツという巨匠の来日が相次いでいた時代。佐々木さんが敬愛していた世界的に著名なコンサート・チューナー、フランツ・モアに出会い、彼が運んできた楽器に触れる機会を得て、「調律師の何たるか」を見せつけられた思いをする。佐々木さん24、5歳の多感な頃である。

その後、盛岡に戻った佐々木さんは岩手県民会館のスタインウェイを手掛けながら、相変わらず家庭回りの調律も手掛ける生活を続ける。

1988年、日本ベーゼンドルファーに転職。楽器と音作りに対する姿勢へのこだわりが佐々木さんを駆り立てたのである。

翌年、ベーゼンドルファー誕生の地でもあり、その本社のあるウィーンで修業。

「佐々木、おまえが今やることはピアノにしがみつくことだけじゃない。コンサートでいい音楽を聴き、美術館で素晴らしい絵を観て、市内を散策することだ」

日本人らしく、几帳面に仕事に励む佐々木さんの様子を観察していたマイスターが、「ウィーンを肌で感じ取れ」といってくれたのだ。

「ベーゼンドルファーやスタインウェイのような外国の楽器は、最初にこういう音にしたいというイメージがあり、それに従って製作していきます。『設計寸法』というものはあるが、多少の誤差は、製造技術者、つまり調律師に委ねられる。そのアバウトな部分にこそ血が通うのです」〉

レッスン11
アンコールはいつから始まった?

特別に暑かった夏も終わった。毎年夏には、夏休みと称して「おけいこ」を脱線してきたから、レッスンをサボって、音楽会での「アンコール」のことを、脱線おしゃべりにしたい。

最後の曲が終わったあと、拍手が鳴り止まず、演奏家が何回も出てきて拍手に応え、しまいに「では何か一曲やろうか」という感じで、短い曲を演奏するわけだ。ときには、そのあとも拍手が鳴り止まず、二曲、三曲……と続けられ、最後に演奏家の「もう、さよなら」みたいなお辞儀で、お客もすっかり満足し、音楽会は終わる。

もっとも、こういうのは巨匠のリサイタルにかぎる。

巨匠中の巨匠で、ぼくがもっとも親しかったひとりは、ピアノのルビンステインだったが、オランダのハーグでの演奏会のときだった。巨匠は、まだ八二~八三歳で若く、元気だった。ぼくはハーグ・フィルハーモニーの指揮者をしていた。協奏曲を三曲というプログラムを、二晩続けてやったのだ。指揮者として伴奏したぼくは、幸福だった。

ルビンステインは、その晩の最後の協奏曲を終えたあと、三、四曲アンコールを弾いた。というより、熱狂したお客にせがまれて、弾かされていた。

その間オーケストラはステージに座りっぱなしで、お客と一緒になって巨匠のアンコールを聴く。

指揮者のぼくは、ステージの袖に隠れていて、どちらかといえばマエストロに、「もう一曲、もう一曲」とねだる側になる。

ルビンステイングらいの大物になると、音楽会の前に、今晩の協奏曲の後に、アンコールに何を弾こうかなどと、考えていない。普通のピアニストは、あらかじめ曲を用意して、さらっているものである。巨匠は、

「じゃあ、また何かやるか」

と言いながら出ていって、ピアノの前に座り、ほんのちょっとの間考えて、ショパンの「夜想曲」なんかを弾きだす。この時は、聴衆の熱狂に応えて、五曲も弾いてしまい、六曲目にうっかり、「英雄ポロネーズ」を弾きだしてしまったのだった。

この曲はかなり長い曲だが、巨匠はそんなことを考えもせずに、即興的に始めてし

まったのだ。

「英雄ポロネーズ」を弾き終え、袖に戻ってきたルビンステインは秋の初めだったからコートを肩にひっかけ、帽子を手にして、再びステージに出て行った。お客はこれで最後とあきらめ、和やかな笑顔と大拍手で解散したのだった。

こういう現象は、独奏者が巨匠中の巨匠だからあり得ることで、ステージ上に、駆け出しの演奏家には、第一、聴衆がこんなに拍手を続けない。そして、聴衆として座りっぱなしのオーケストラも、だんだんイライラしてくる。本来オーケストラというガクタイ集団は、演奏が終わるやいなや、一刻も早くステージから出ていきたい本能の持ち主なのだ。

オーケストラは、まるで一匹の生き物のように、その集団の個性を持っている。生き物である以上、中にはイジワルなキャラクターのところもある。集団によっては、独奏者が二曲目のアンコールを弾きだそうとすると、コンサートマスターがすっと立ち上がり、オーケストラ全員に「さあ、あとはソリストと聴衆の時間にしてあげよう」というゼスチャーをして、一応礼儀正しいそぶりをしながらではあるが、みんなでぞろぞろステージから出て行くところもある。わが国には、そんなオーケストラはない。

バイオリンの巨匠、メニューインと、ロサンゼルスのハリウッドボールで音楽会をやったときだった。プログラムは全曲ベートーヴェンの「レオノーレ序曲第三番」「バイオリン協奏曲」「交響曲第三番英雄」で、とても長かった。

協奏曲が終わり、メニューインとぼくは何度もステージに呼び出された。何回目かにメニューインが「何か一曲弾いてもいいですか?」と聞いた。ぼくはもちろん、「どうぞ、どうぞ」と答える。

これは、こういうときに世界中で必ず行なわれるセレモニーである。「いいえ、弾かないでください」ということは、まずない。もちろん、例外はある。

メニューインはステージに出ていって、バッハの「シャコンヌ」を弾きだした。彼が「シャコンヌ」を弾きだしたとたん、ステージの上のオーケストラは大歓迎の動作をした。大きい拍手のふりをするが、手の音は出さず、笑顔でブラボーを叫ぶが声は出さない。これはとてもプロフェッショナル的動作だと思う。ハリウッドボール一万五〇〇〇人の聴衆は、メニューインがアンコールを始めようと、楽器をかまえた瞬間、拍手をやめたわけだ。

ステージと客席の静と動が一瞬に交代したのだった。

♪

ハリウッドボールのステージで、メニューインがアンコールを弾きだそうとバイオリンをかまえたとき、一万五〇〇〇人の聴衆は拍手をやめ、シーンと静まりかえった。そしてメニューインが「シャコンヌ」を弾きだした瞬間、ステージ上のオーケストラの、声と手の音のない、ヤンヤ、ヤンヤが起こったのだから、面白い対照だった。

あとで聞いたのだが、米国のオーケストラ界では、メニューインの長いアンコールは、名物だったのだそうだ。

米国に限らないが、現在の世界中のほとんどのオーケストラでは、ユニオン――組合が強力である。

演奏会は原則として、二時間内に終わらないと労使協定違反になる。規定時間を過ぎると、経営者側は、オーバータイム手当を払わなければならない。

四、五分の超過なら「まあ、いいや」と呑気にオーバータイム手当を要求しないオーケストラ組合もあるが、数秒の超過でも、強硬に超過手当を要求するところもある。

米国のユニオンは、その点、非常に厳しい。

メニューインは、それを十二分によく知った上で、いつも長いアンコールを弾いたわけだ。

つまりオーケストラの楽員に、オーケストラ経営者を通じて、臨時のボーナスをプレゼントすることになる。

素晴らしい演奏と、臨時手当の両方で、米国のプレーヤーたちは、メニューインとの共演をいつも楽しみにしていた。

もっともこの超過手当は、ほんの数ドルぐらいのチョッピリだから、世界では高給取りの米国メジャーのプレーヤーたちの生活が、うんと豊かになるわけではない。なるべく金を出したくない、なるべく多く金を取りたいという、経営者と楽員——ユニオンの対立関係の、一種のゲームのようなもので、メニューインはこの楽しいゲームで、いつも楽員側を勝たせてくれたわけだった。巨匠の楽しいイタズラだったともいえる。

もう二〇年も前になるが、ベルリン・フィルハーモニーで、面白い場面に直面したことがある。

そのときの曲は、バルトークの難曲中の難曲で、ベルリン・フィルも三〇年間演奏していなかった。会場練習終了時間の昼の一二時半に、やっと曲の最後の小節を、ぼくは指揮し終えた。

ホッとしたとき、楽員の代表者が手を挙げた。組合の委員長で、コントラバスの首席でもある。

「イワキさん、もしあなたがお構いにならないのでしたら、われわれベルリン・フィルのレベルを保つために、まだまだ気のすむまで練習していただけませんか。終了時間は気になさらないで下さい」

「喜んでやりますよ」

ぼくは曲の最初からやり直そうと、指揮棒をかまえた。その途端、ある木管奏者が腕時計を高く上げ、「オレは約束がある」と叫んで、ステージから出て行こうとした。楽員代表者は、もうステージの袖まで行っていた木管奏者のところまで走って行って、首根っこをつかまえて木管の席まで引きずってきた。

米国のアトランタ・シンフォニーで、同じようなことがあった。七〇年代から八〇年代にかけて、ぼくはこのオーケストラの首席客員指揮者をしていた。

やはり難しいプログラムだったので、細部まで練習するには、時間が足りなかった。とにかく練習を終えた。楽員代表者のトランペット奏者が指揮台のぼくのところにきて、

「あと一時間、練習を延長しませんか？」

と聞いた。ぼくはもちろんＯＫである。代表者はオーケストラ全員に発言した。

「イマージェンシー・クエスチョン！」

ぼくは「緊急質問」とは何か、意味がわからなかった。

「このままでは、練習が足りないから、満足な本番ができない。もう一時間練習を追加することに賛成のものは手を挙げて！」

全員が賛成した。そこでオーケストラ・マネージャーを呼び、

「オーバータイムを払うか？」

「イエス」

となり、それからわれわれは、気のすむまで、練習した。

ベルリン・フィルが、いつも自分たちのレベルのために、練習時間を延長しているわけではない。

米国のオーケストラが、いつも「緊急質問」に同意するとはかぎらない。しかし、当時のぼくには、レベルのために純粋芸術家的に労働時間を無視することもあるベルリン・フィル、すべてを金ですっきり解決する米国のユニオン……、そのどちらの解決もない、じめじめした日本のオーケストラ界事情を、悲しく思ったのだった。

現在は、わが国のほとんどのオーケストラに強力な組合がある。米国的な解決の国になった。

♪

指揮者をやっているぼくが言うのもなんだが、オーケストラのアンコールというものは、なんだか胡散臭いと思う。

一九三〇年代に、レオポルド・ストコフスキーは、米国フィラデルフィア・オーケストラの音楽監督になった。

指揮者の世界は、そのころから七〇年もたった現在でもほぼ同じだが、オーケストラという「城」を、指揮者という「城主」が奪い合う戦国時代であることに変わりはない。

ストコフスキーは、前任者をあらゆる政治的手段を使って追い出し、フィラデルフィア・オーケストラを乗っ取ったのだった。

戦前、映画『オーケストラの少女』で自分の徹底的なキワモノＰＲ映画を作り、それが大ヒットになって、彼は世界的なスターになった。実はぼくも高校時代に、この映画の戦後リバイバルを観て、感動のあまり、指揮者を志してしまった。

そのストコフスキーも、数年あとにユージン・オルマンディーに座を奪われることになる。

ストコフスキーが就任して間もないころ、ある若手の指揮者がフィラデルフィア・オーケストラを指揮することになった。プログラムとは何の関係もなしに、その若手指揮者のリハーサル期間中、プログラムにはないヨハン・シュトラウスの「美しく青きドナウ」をストコフスキーが猛練習した。

若手指揮者の三日間のリハーサルは毎日四時間だが、そこからストコフスキーは毎日三〇分ずつ、もぎ取ったのである。

楽員には何のためのヨハン・シュトラウスだか、わけがわからなかった。

本番当日、若手指揮者の音楽会の休憩時間に、エレガントな格好をしたストコフスキーが客席に現れた。満場総立ちで、大スター・ストコフスキーを迎え入れる。

ストコフスキーは悠々と、もっとも目立つVIP席にすわる。

若手指揮者の最後の曲が終わると、ストコフスキーは真っ先に目立つ席で立ち上がり、悠々とした態度で拍手を送った。

周りの客もいっせいに立ち上がり、若手指揮者に熱烈な拍手を送った。そこまではわかるが、ストコフスキーの周りの客から、

「マエストロがせっかくおいでなら、マエストロのアンコールを！」

の声が上がった。最初の二、三人はサクラを使ったのかもしれないが、やがては客席全員の、

「マエストロ、ぜひぜひアンコールを！」

の合唱になった。

ストコフスキーは、

「いやいや、わたしの音楽会ではないから」

というような素振りをしていたが、しまいにゆっくりステージに上がった。そして、あの「美しく青きドナウ」を指揮したのである。このために彼は、三日間猛練習したのだった。

客席に熱狂の嵐が渦巻き、かくしてマエストロのPR作戦は大成功したのだった。

このことは、かなり昔に、ストコフスキーのたぐいのアメリカの人気指揮者たちが、どういうふうにショー・ビジネスで勝利をおさめたか、ということを暴いた本で読んだので、ぼくは知っているのだが、何という本だったか、今は調べようがない。でも日本語訳を読んだのだから、訳されていたわけだ。今でも音楽関係の古書専門の店に行くと、キョロキョロ探している。所蔵している方は知らせてほしい。

これほどのひどいアンコールのやりかたはめったにないけれど、所詮オーケストラのアンコールは、これと五十歩百歩のような気がする。

「アンコール」の本当の意味を調べたくなった。音楽之友社の分厚い『標準音楽辞典』で調べてみる。

▼アンコール encore〔仏〕〈さらに〉、〈もう一度〉を意味する副詞。音楽家が聴衆のかっ采に答えて、同一または異なった楽曲の全部または一部を追加演奏すること。礼奏。アンコールの実行は、十七世紀のイタリア・オペラで名歌手の台頭と共に始まり、次第に一般声楽・器楽にも行なわれるようになった。encore の語はドイツ、イギリスなどでも使われているが、フランスではビス（bis ふたたび）、ビセ（bisser 繰り返す）も使う。

つまり、「アンコール！」とは、「今の、素晴らしい演奏をもう一度！」と聴衆がねだることが本来の意味だったのだ。現在は、本プログラムのあとに、拍手が鳴りやまないので、短い曲を一曲、まだまだ拍手が続くのでまた一曲、……というようなことを意味するようになっている。

最近、フランスのあるオーケストラが、サントリーホールで九曲もアンコールをやったという話を聞いて、たまげた。何となく、押し売りみたいな気もする。そして、「うんと手をたたいて、何曲もタダで聴いちゃったわ」

というような声を聞くと悲しくなる。

「アンコール！」とか、「ビス、ビース！」とお客が熱狂して、アンコールを要求するようになったのは、一七世紀ころのイタリアのオペラの観客あたりからだということが、音楽辞典でわかったが、オーケストラの演奏会のアンコールは、いつごろから始まったのだろうか。

いろいろな説があるが、偉大な指揮者ヴィルヘルム・フルトヴェングラーが、戦前、ベルリン・フィルハーモニー管弦楽団の常任指揮者になってからだという説を、ぼくは信用している。

ベルリン・フィルの定期演奏会の会員たちに、最後の曲のあと、うんと拍手をするという習慣をつけさせるためだった、というのだ。

フルトヴェングラーは、毎回の定期演奏会で、交響曲のあとに、何か短いポピュラーな曲を演奏することにしたのだ。

聴衆は、今夜はどんなオマケの曲が聴けるかが楽しみで、盛大に拍手をした。彼は、袖への出入りを何回も繰り返し、お客を焦らせて拍手をますます盛り上げ、そして取っておきのオマケを演奏した。

このフルトヴェングラーの聴衆教育効果が、現在の世界中、特に日本の聴衆が、アンコールをしつこくせがむようになった、原点であるような気がする。

ベルリン・フィルの定期演奏会の会員たちが、世界最高のレベルになってから、つまり、最後の曲にばかり拍手しないで、一曲目でも、演奏が素晴らしいときも、惜しみなく盛大な拍手をするようになると、フルトヴェングラーは、ほとんどアンコールをやらなくなったらしい。

そして、あるインタビューに答えている。

「わがベルリン・フィルの定期演奏会の会員たちと一緒に、ドイツ中、世界中を演奏旅行したいものだ」

もちろんベルリン・フィルは、ベルリン以外の街や、外国に演奏旅行するとき、必ず一、二曲のアンコールを演奏した。これは現在でも続いているし、世界中のオーケストラに定着したわけである。

ぼく自身は、内容密度の濃い定期演奏会などでは、通常アンコールをしていない。また、超前衛の現代曲のプログラムでも、アンコールはしない。というより、本プログラムが難しすぎて、オマケのアンコールを練習する余裕がないのだ。

演奏旅行のときには、訪問してきたのだから、お土産を差し上げるという感じで、アンコールを演奏する。

ときには、さっき演奏した交響曲の中の、かわいらしい楽章をもう一度やることもある。文字どおり「ビス」である。

演奏に、マジメ、フマジメはないのはもちろんだが、必死になってやったその楽章を、アンコールとして演奏するときは、まったく違う気持ちになってしまうから不思議だ。つまり、オーケストラと一緒に、すごくリラックスして、楽しく演奏できるのだ。

そして不思議なことに、たいていの場合、さっき真剣にやったときより、うまくいってしまうことが多い。プレッシャーから解放されて、音楽の本質に素直に触れることができるからだろうか。

本番でもこうやらなければならないと、いつも反省するのだが、最初からリラックスして楽しくというのは、実は無理なのだ。

ひとつだけ企業秘密を明かすと、放送のための公開録音のときは、オーケストラの誰かがミスをして、うまくいかなかった楽章を、嬉しそうな顔で、アンコールとして演奏することもある。このことは、どうか極秘にして下さい。

要するに録り直しなのだが、拍手に応えて嬉しそうにやるのが、コツである。

何年か前、あるベテランのピアニストが、若い指揮者と、サミュエル・バーバーの協奏曲を演奏した。ぼくは聴衆のひとりだった。この終楽章は難曲中の難曲で、ぼくは客席で、手に汗握って聴いていた。

彼らは実にみごとに演奏し終わった。ぼくは感動して、手が痛くなるほど拍手をした。何回かの出入りのあと、ピアニストがステージの上で、何やら指揮者と相談していた。やがて、彼は両手を上げて観客の拍手を止め、発言した。

「実は、終楽章が目茶苦茶になり、ひどい出来だったので、もう一度やり直させていただきます」

ぼくはこの曲をくわしくは知らなかったし、なにしろ、難曲をよくもここまでやり遂げたと、すごく感動していたのである。それなのに「目茶苦茶だったから、やり直します」とは何事であるか。裏切られて、すごく腹が立った。

指揮者のぼくでさえこうなのだから、一般の聴衆に細かい部分は絶対にわからないだろう。だからごまかしたままやれ、と言うのではないが、感動しているお客さんに、「今のはだめだったから……」と言うべきではないということを、このとき聴衆として学んだのだった。

♪

「裏方のおけいこ」から脱線してアンコールのことを書こうとしたら、止まらなくなってしまった。「アンコール」というものは、後を引くものらしい。

以前、ドイツのハンブルクに住んでいたとき、カール・ベーム指揮のウィーン・フィルハーモニーが、演奏旅行に来た。当時の西ドイツの大都市を巡演してきたのだった。ぼくは考えてみると、ウィーン・フィルをウィーンでしか聴いたことがなかった。ヨーロッパの、違う国で観聴きするウィーン・フィルはどんなだろうと思って、切符を買って楽しみにしていた。

詳しい曲目は忘れてしまったが、プログラムのメインは、ベートーヴェンの「交響曲第五番運命」だった。オーケストラは、もう八〇歳ぐらいだった巨匠ベームの指揮で、白熱の演奏をした。

本拠地ウィーンでのウィーン・フィルの演奏は、これぞ世界の天然記念物といえる名物で、オーケストラも観客も、本当にゆったりと楽しんでいる雰囲気である。ウィーン・フィルの定期演奏会の会員は、親子代々会員券を受け継いでいるので、よほどのコネがないかぎり、いきなり街を訪ねた人には、切符入手は不可能に近い。そして定期会員たちの大部分は、驚くべきことに、一生、ウィーン・フィルしか聴かない人たちなのである。

オーケストラと聴衆が、家族的な連帯感を持ちながら、素晴らしい演奏を楽しんでいるわけだ。

だからそのウィーン・フィルが、ヨーロッパの他の国で演奏するときはどんなだろうと、ぼくは興味津々だった。

ウィーン・フィルは、いわば世界一のオーケストラである。しかし、ヨーロッパの主な街に行けば、どこにも一流のオーケストラが存在する。どこもかも、油断ならない敵地と言うことができる。

ハンブルクにもハンブルク・フィルハーモニーと、北ドイツ放送交響楽団という二つの一流オーケストラが本拠地活動をしている。もう二つ、あまりうまくないのがあるが、それは別として、ハンブルクのステージに出てきたウィーン・フィルのメンバーたちは、ウィーン・ムジークフェラインのステージで見る感じとは、まったく違っていた。実に真剣な顔で、まさに真剣勝負が始まるという感じだった。

ウィーンでは、定期会員たちとは家族みたいなものだから、指揮者が出てくる前は、楽員たちはそれぞれの知り合いに手を振ったり、にこにこ顔で挨拶したり、和やかなものなのだ。

さすがにハンブルクでは、客席の中に知り合いを見つけることなんかできないらしいから、コチコチではないけれど、真面目そのものの集団だった。

プログラム最後の「運命」では、あんなに無我夢中に、〝気が狂った〟ように、われを忘れて演奏している彼らを見たことがなかった。

演奏家は、オーケストラでも独奏者でも、本番である程度の冷静さを維持していないと、ときには目茶苦茶になってしまうものである。つまり、無我夢中と、冷静な客観性のバランスが、よい演奏の鍵を握る。

このときのウィーン・フィルは、客席のぼくがハラハラするくらい無我夢中で、当然、あちこちでミスが続出した。あのウィーン・フィルでもこうなってしまうのかと、ぼくは感動してしまった。超々一流のオーケストラが、われを忘れて音をはずしたりするのは、それはそれで、生の迫力が胸にぐんとくる。レコードとは違う。

興奮のるつぼの演奏が終わり、聴衆は熱狂し、老巨匠のカール・ベームは、何回も何回もステージに呼び出された。

しまいに「それでは、おみやげを」というわけで、ベームは静かに指揮棒をおろし、バイオリンは柔らかいトレモロを始めた。いわずと知れたヨハン・シュトラウスの「美しく青きドナウ」である。

世界中でウィーン・フィルといえば「ドナウ」という、この世唯一の天然記念物である。

驚いたことに、大勢の客が、他の人の邪魔にならないように、静かに立ち上がり、足音をしのばせて、そーっと会場を出て行ったのだ。「ドナウ」が終わるころには、お客は三分の一ぐらいになっていた。ぼくはこの聴衆のあり方に、すごく感動した。

彼らはもちろんウィーン・フィルの「ドナウ」が好きなのだ。だが、ベートーヴェンの「運命」の白熱した演奏の興奮のあとに、この美しいワルツを聴きたくなかったのだ。

ベートーヴェンの感動だけを胸にしまって、その日をおしまいにしたかったわけである。

なんでもかんでも拍手して「タダのおみやげ」を、何曲も聴こうというレベルではないのだった。

レッスン12
音楽会にチラシが多いワケ

きちんと計算したことはないが、ぼくは平均すると、一年に八〇回ぐらい音楽会をやっていると思う。もうちょっと少ない年もあるかもしれないし、長期の演奏旅行が二度あったりすると、ぐっと回数が増える。

忙しさを競うなら、指揮者はピアニストやバイオリニストなどのソリストたちより、はるかに不利である。

指揮者が音楽会をやるときには、オーケストラを指揮しなければ商売にならない。そのためには一回の音楽会のために、平均して二日間のリハーサルをオーケストラとやらなければならない。特に難しい曲目の場合は、四日も五日もやることがあるし、オーケストラが慣れきっている曲のときは、一日で済ましてしまう。つまり、平均すると練習に二日間、本番に一日というわけで、三日に一度、音楽会という計算になる。

これ以上のペースは無理である。

一方、ソリストとなると、リサイタルは自分だけの問題だから、オーケストラと何日も一緒に練習ということはない。協奏曲を演奏するときも、通常は本番の前日の半日、オーケストラとつきあって、当日の会場練習、そして本番というわけだ。乱暴なことをいえば、リサイタルは毎日やることができるし、協奏曲は二日に一回の割で可能ではある。もちろんこれは、本人が、ときには一日一〇時間も練習するようなことを計算に入れていないので、ありえない。

もう二〇年以上も前に、バイオリンの巨匠、アイザック・スターンと共演したことがあった。

「このところ、ちょっと音楽会をやりすぎているので、少し反省しているんだ」

「……?」

「この一年間に、リサイタルや協奏曲をあわせて、二九〇回もやってしまった。身体はともかく、さすがに心が疲れてしまった。よくないことだ」

そりゃあ、そうだろう。いくら超名人のスーパースターだって、たくさんのレパートリーがあるにしても、地球上を駆け回っての二九〇回は無茶だ。でもソリストたちは、もし、その気になりさえすれば、このくらいの回数をできるのである。

ぼくの場合は、年に平均八〇回ぐらい、コンサートホールの楽屋を出入りしているわけになる。自分でプロをやっていると、なかなか他人様(ひとさま)の音楽会を聴きに行く気にならない。

自分だけの音楽で、一年中疲れているからだ。だが、ものすごい大物の音楽会とか、すばらしい新人が登場、と聞くと客としてコンサートホールに出かけて行く。それと、注目している作曲家の新作の初演は、身体があいているかぎり、聴きに行くことにしている。結局、年に二〇～三〇回というところだろうか。とても少ないと思うかもしれないが、演奏家や指揮者の中では、ぼくはかなりの回数、他人の音楽会を聴きに行くほうだ。

さて、音楽会に行く。聴衆の一人として、当然、正面入口から入る。普段は楽屋口から入るので、ぼくにとっては、とても落ち着かない瞬間である。

大きなコンサートホールは、たいていの場合、観客が二人ずつ並んで入る入口が、二つか三つある。一つの入口の両側にもぎりの人がいる。その人たちより、ちょっと入口の境界より外に、両脇に別の二人がいる。若い男なら、ちゃんとしたダークスーツにネクタイで、女性の場合はビジネススーツというのか、とにかくきちんとしている。

最近の数年間、音楽会場の入口で必ず見かける風景がこれである。入口に入っていくお客の一人ずつにチラシを配っているのだ。次に行なわれる音楽会のための、手で配る広告である。

『広辞苑』で「チラシ」を調べてみた。

▼ちらし【散らし】①散らすこと。散らすもの。②広告のためにくばる刷物。ビラ。引札。「大売出しの―」③香煎(こうせん)。一代男「―を飲ませ」……⑨「ちらしがき」の略。⑩「ちらしもよう」の略。……

『広辞苑』にかぎらず、どうも辞書というものの内容の大半は、結局、なんの説明も納得も得られないものだと思う。ぼくには、「チラシ」の意味を文章で説明する力がないので『広辞苑』を頼ろうと思ったけど、これでは何もわからない。あるいは、「そんなこと、知ってラア」なのだ。この『広辞苑』の「ちらし」の項は一行二四字の二八行、かなりの長さである。この中の「ちらしどんぶり【散らし丼】」を見たら、「ちらしずしを丼に盛ったもの」とある。

チラシという予告宣伝の刷物を、都内何十カ所のコンサートホールの入口で、主催者に代わって配ろうという実にユニークな会社を作った人間のことを書こうとして、なかなか本文にならない。

乞御期待。

♪

さとう　しゅうえつ・㈱コンサートサービス社長。秋田県生まれ。高校時代から音楽に興味を抱き、大学生のころ「日本フィルを存続させる会」に参加。一九七三年、音楽事務所のアルバイトからコンサート会場チラシ配布業務を譲り受け独立、㈱コンサートサービスを創立した。

七五年よりマネジメント業務を手がけ始めていたが九三年、事業部として㈱コンサートイマジンを設立、クラシックをベースに総合エンタテイメントをめざす姿勢が注目を浴びている。

佐藤修悦さんは、わかりやすく言えば、チラシをばらまく会社の大将である。最近、クラシックの演奏会に行くと、なんと、一〇〇枚くらいの多彩なチラシの入っている袋をタダでくれる。

こちらの興味の問題ではあるが、ぼくには、押しつけられるような気がして、うるさいなと思ってしまう。

街を歩いていても、よくパチンコ屋の開店とかスーパーの宣伝で、ティッシュの小さな袋を通行人に配っている若者がいる。さまざまな宣伝ビラなどを手渡そうとする何人かの前を、シレッという顔で通り抜けるのには、少しばかり勇気がいる。政治的なパンフレットとなると、なおさらだ。

冷たく「要らない」という顔をして通り抜けても、どうもちょっとばかり心が痛むのだ。自分がこういうものを配る立場だったら、シレッとやられるたびに、悔しかったり、悲しかったりするのではないか。

というようなわけで、演奏会場の入口の前のチラシ配りの情景が、ぼくは嫌いだ。

戦前戦中のことは、子どもだったから知らないが、戦後何年かたって音楽会に行きだしたころから、会場の前での次の音楽会の前宣伝のチラシ配りは、あったように思う。はっきりとした記憶ではないが、あったとしても、二、三人が一人一種類の粗末な謄写版刷りのチラシを配っていたような気がする。

これを発展させて、都内の主な会場の入口で、ときには一〇〇枚以上重ねた、豪華絢爛なチラシを大量に配ることを考えたのが、佐藤さんである。

たとえば、東京・赤坂のサントリーホールは、大ホールの収容人員が約二〇〇〇人で、小ホールが約四〇〇人である。一晩に二つの催し物でお客が入場するとき、全員に配るとなると、約二四〇〇の束を開演の一時間前から、お客が全員入場するまで配り続けるわけだ。

ぼくのように受け取らない客もいるだろうから、かりに六割が受け取ったとしても、一四四〇袋になる。今、都内には多くの大コンサートホールがあるし、小ホールにいたっては、勘定しきれないほどの数である。

その主な音楽会で、この「コンサートサービス」が観客一人当たりに数枚、数十枚、一二〇〜一三〇枚ずつ配っているわけだ。

ほとんどのコンサートホールで毎日のように音楽会があるわけだから、この会社が配るA４判の色刷りの豪華なチラシの枚数は、天文学的数字になる。

手渡された人の二割ぐらいが、捨ててしまうらしい。八割が家に持って帰るとしても、二センチぐらいの厚さの一〇〇枚の束は、結局はゴミになるわけだ。

そして、最近のチラシは、裏表びっしり美しく印刷されているから、裏をメモとして使うこともできない。

これだけの大量の紙を、捨てられるために配っているのは、おそろしく「地球にやさしくない」ことだ。どんどん密林が減っていく東南アジアの悲惨な現状の何パーセントかに、このチラシ会社は責任があるのではないか、と思ってしまう。

しかしこれは、ぼくがチラシを受け取ることを好きではないからであって、音楽界全体の繁栄のためには、ものすごい功績があると思うこともできる。

とにかく、こういうことを商売――事業にしてしまったコンサートサービス社長の佐藤さんは、ある意味で天才だと思う。

この会社の仕事は、都内中の音楽会の主催者が、宣伝のために配りたいチラシを、代わりに人々に配って、その手数料でなりたっている。一枚配るごとにいくら、となっているわけで、一枚につき、三、四円のような額かもしれないが、主催者がたくさん撒こうと思えば、コンサートサービスが儲かるわけである。

コンサートサービスを、ぼくは取材訪問した。

なぜこの会社に興味を持ったのかというと、この「裏方のおけいこ」担当の吉田亮子さんの妹さんが、この会社でアルバイトをしていると聞いたからだ。

♪

この「おけいこ」担当の吉田亮子さんと、チラシまきの会社を取材訪問した。

東京・音羽の近くの、なかなか大きい三階建ての新しいビルが、コンサートサービス社だった。

大きいも、小さいも、ない。ぼくには、チラシを配りまくっている会社のイメージが、まったくなかったのである。

以前、写譜の会社「東京ハッスルコピー」を訪ねた時と、気持ちが似ていた。赤坂のド真ん中の写譜会社に行ってみたら、なかなか立派なビルで、元気で明るい若い男女が、大勢働いていた。

　ぼくのイメージは、何人かの暗い顔をしたオジサンが、ジメジメと写譜をしている、四畳半的空間だったので、びっくりした。

「東京ハッスルコピー」も「コンサートサービス」も、世間一般の常識からいえば、典型的零細企業なのだろうが、ぼくの先入観が「四畳半」みたいな感じだったので、彼らの働く場所が、超優良中企業のように思えたのである。

　社長の佐藤修悦さんと、チーフ・プロデューサーの伊藤義玖(いとうよしひさ)さんが出迎えてくれた。音羽と飯田橋の間の、住宅地とも商業地ともいえない、中ぐらいにゴミゴミした、東京の普通の街並みに、作ったばかりらしい、気のきいた白亜の三階建てのビルだ。

　窓の形が、なかなかしゃれていて、パリのクリスチャン・ディオール社を思い出した、といえば褒めすぎか。

　佐藤さんの話では、音楽会の主催者に代わってチラシを配る仕事を思いついたころは、確かに六畳と四畳半ぐらいの、台所のついたアパートで始めたそうである。

　五年ぐらい経ったら、集まってくるチラシに場所を占領されて、住めなくなってしまった。それで二〇坪ぐらいの所に移ったが、赤坂のサントリーホールの出現以後、東京中、あちこちに大ホールができてしまってからは、手狭でどうしようもなくなって、今の三階建ての一二〇坪（約三九七平方メートル）ほどの新しいビルを借りたわけだ。

最初は、そんなことがビジネスと認識されず、大変に苦労したそうである。

佐藤　チラシ配りなんか、商売にならないだろうと、誰にも相手にされなかったわけですが、わたし自身も、こんなに発展するとは思っていませんでした。

なんといっても、サントリーホールの出現が大きかったのです。

それまでは、上野の東京文化会館と、日比谷公会堂や、明治神宮外苑の日本青年館などが、主な会場でした。新宿の東京厚生年金会館や、東京の方々の区に公会堂ができてはいましたが、なんといっても、音楽専用のサントリーホールが、東京の音楽界を変えてしまいました。それまでのホールは、すべて多目的ホールでしたから、音楽専用ホールの美しい音を聴いたお客さんは、音楽を聴く本当の喜びを覚えてしまったのではないでしょうか。

サントリーホールのあと、渋谷の東急文化村オーチャードホール、池袋の東京芸術劇場、初台の東京オペラシティ・コンサートホール・武満メモリアル、錦糸町のすみだトリフォニーホール……等、東京は世界の大都市の中で、もっともたくさんの大コンサートホールを持つ街になりました。

音楽会の量が膨大に増え、情報誌『ぴあ』などを通じて、コンピュータを使ってチケットが買える時代になり、逆にかえって、情報をまとめて手に入れる手段がなくなってきたように思います。

昔は切符が手売りでしたから、お客さんは、プレイガイドや会場の受付で、直接、次々と情報を仕入れていたわけです。だから、現在はチラシという形での情報が、必要とされるようになったのでしょうね。

こんなに発展するとは思っていませんでした。今は二〇人ぐらいの社員と、アルバイトが一日三〇人ぐらいです。

クラシックコンサートの会場の入口で手渡される、音のしない袋に入ったチラシの束というのは、実に不思議なものだ。

オーケストラ、室内楽、リサイタル、オペラ、バレエ……、東京は、世界最大の音楽市場なのだ。年間に三〇〇〇種類以上のチラシの束が、東京中のコンサートホールで、毎晩、何千何万と配られているのである。

伊藤　最近の記録では、一度に一一四枚というのがありました。

岩城　エエッ？

音のしない透明な袋に入ったサンプル束を見せてくれる。

伊藤　厚さ二センチぐらいですが、これでチラシが、一〇〇枚入っています。

♪

一〇〇枚ものチラシが一束になっているのを見せられて、ぼくは仰天した。

岩城　これは、一〇〇パーセント、ゴミになるわけですよね。

佐藤　いいえ、持ち帰られる方が、結構多いので、捨てられるのは二割ぐらいだと思います。

岩城　持ち帰っても、結局は膨大な紙屑になると思うと、緑が急速になくなっているのに、手を貸している事実もあると思うんですけどね。

でも、チラシという情報を大量に消費者に配って、音楽ファンを猛烈に増やしているのも事実だし、ぼくは、微妙な気持ちになりますよ。

伊藤　お客さんがたくさん増えることによって、各交響楽団の懐が少しでも潤うことを祈りながら、という気持ちも確かにありますし、この世界の繁栄と、地球環境の破壊とは、実に微妙に入り組んでいると思います。

佐藤　実はぼくらの仕事は、邪魔している商売なのです。
岩城　……？
佐藤　それで、気後れしていました。つまり、入口で入場者たちの通行を阻害しながら配るわけですよ。必要悪的な仕事だと思うことがあります。
岩城　ぼくは、お客として入っていくときは、一所懸命チラシを受け取らないようにしているんですよね。
佐藤　はい。いつも拝見しています（笑）。

コンサートサービスのスタッフたちは、会場の入口でチラシを配っている現場を、最初から最後まで見ているのだそうである。

チラシを受け取ったときの聴衆の表情とか、ときには一〇〇枚ぐらい束にして配るチラシの何枚目にお客さんが興味を持つかなど、常に観察しているわけだ。

とにかく、倍々ゲームのように、大きな空間への引っ越しを重ね、ついに、この三階建ての立派なビルに入らなければならなくなってしまったのだ。膨大なチラシが、いろいろな主催者から運び込まれるからである。

コンサートサービスの会社の中は、エレベーターの中にはさすがになかったが、ありとあらゆる空間に、梱包されたチラシのかたまりが積み上げられていた。

ビル全部に置いてあるチラシは、おそらく何十万枚だろうし、とんでもない重さになるだろう。

社長の佐藤さんの話では、引っ越しに次ぐ引っ越しは、膨大なチラシの集結で、すぐに空間がなくなったことと、重量が問題だったという。

よほどガッシリしたビルでないと床が抜けるだろうし、大きな地震にも、気をつけなければだめだ。コンサートサービスの建物は新品で頑丈だから、その点は安心だが、会社のどこにでも積まれたチラシの梱包を見ると、キャパシティーの限界は、この二一世紀のごくごく初期に来るのではないかと思ってしまう。

取材には来たものの、いつも思うのだが、プロのインタビュアーではないぼくには結局、相手と雑談をして帰ってくる、というだけになる。

岩城　チラシが発明されたのは、いつですか？

佐藤　演奏会のサンプルとして、以前から作っていたと思います。実はわたしがやる前に、すでにチラシを配ることは、先人がやっていました。

岩城　ぼくも戦後、高校生のころ、音楽会に行くようになったときにキップもぎりのおばさんたちが、こんなことをしていた覚えがあります。こういう会社としては何代目ですか？

佐藤　彼女たちは「日比谷サービス」（日比谷公会堂サービスステーション）という会社をやっていたわけですから、わたしが二代目ですかね。チラシ配りも、はじめは席まきだったようです。また、チケットをもぎったあとに、それぞれの主催者がチラシを持ってきて配っていた、ということもあったようです。それが、だんだん配る主催者の数が多くなってきて、入口の外で配るようになってきたようです。

岩城　ぼく自身の音楽会も、何回もお世話になっているんでしょうね。

佐藤　はい。相当な回数、配っています。

横に座っていたチーフ・プロデューサーの伊藤さんが立ち上がり、隣の部屋にチラシを取りに行った。

伊藤　岩城さんのは、今はこの二つです。

岩城　へえ。こんなチラシがあるんですか。

こんなことに感心するのはオカシイかもしれないが、ぼくはほとんどの場合、自分の音楽会で、どんなチラシが配られているのか、知らないのである。

♪

東京では、大きな音楽会場に入ろうとするお客たちに、何十枚も重ねたチラシを透明な袋に入れて配っている。こんな風景を、ぼくは外国で見たことがない。

先日、俳優座劇場（東京・六本木）に芝居を見にいったときに、小規模ながら、チラシを配っている人を見た。なるほど、劇場があるところ、どこでも次の公演のためのチラシ配りの風景が見られるわけだ。

岩城　日本以外でも、このようなことをしているのですか？

佐藤　ないと思います。ニューヨークでも、見たことがありません。

岩城　ものすごく現代日本的ですね。主催者たちは、チラシにいくらぐらいかけているのですか？

伊藤　同じ公演でも、三種類ぐらい作る場合もありますから、相当でしょうね。

佐藤　はじめは、チラシは色付きではなかったんです。サイズもB5判で、カラーはほとんどありませんでした。今はA4がほとんどです。最初のうちは、ガリ版刷りみたいなものだったんです。

外来物のオペラとか、年々、派手で豪華になってきています。大手の呼び屋さんが、ウィーンやミラノ、ニューヨークのオペラを招聘する場合、観音開きにしたり、豪華な屏風絵のようにして、こんなに分厚いのもあるんです。

伊藤さんは、その日に配る予定の何十種類もあるチラシをもってきてくれた。超豪華印刷のなかに、ガリ版印刷のようなものも混じっている。チラシは、パブリシティの重要な手段のひとつだろうから、「ビンボウ」からではなく、ガリ版で目立たせようというアイディアなのだろう。

岩城　一枚配るごとに、手数料いくらというわけでしょう？　主催者がたくさん撒こうと思えば、コンサートサービスには、それだけ儲けがあるわけですね。主催者が支払う金額は一律ですか？

佐藤　単価はそれぞれです。古くから大量に頼んでくれるお得意さまには、それなりのサービスをしますし、新規の、あまり大量でない注文主にとっては、少し割高になるかもしれませんね。

この仕事を始めた一九七二年ごろは、ホールがまだ少なかったから、配るチラシは一〇枚ぐらいでした。つまり、その晩のコンサートの翌日からの、一〇種類ぐらいの音楽会の広告ということです。今はそれが、一〇〇枚以上になってしまったわけです。

メジャーな演奏会では、そういうコンサートのお客たちに配ってほしいという依頼がたくさんくるんです。

岩城　主催者から完成したチラシが届き、それを佐藤さんたちが見て、どこの会場で配るかを考えるわけですね。

佐藤　指定してくる場合もあります。

岩城　なるほど。お金は、それぞれのコンサートを宣伝してほしい主催者からもらっているわけですね。

佐藤　そうです。チラシを配っているその会場には、お金は支払っていません。昔は場所代ということで、そういうこともしましたが、今はその代わりに、客席の中やロビーの後片付けをしています。演奏会が終わったあと、お客さんが置いていったチラシを、すっかり回収しています。

岩城　演奏会のどれくらい前からチラシを配るのですか。

佐藤　だいたい、四〜五カ月前に配りだします。外来オペラの長期公演だと、一番長くて、一年半前から、という例もあります。

伊藤　はじめは、「何年何月にどこそこのオペラが来る。詳細は未定。チケット発売日未定」というチラシから始めるんです。公演が近づくにつれて、もっと詳しく豪華なものに、二、三種類以上変えることもあります。とにかく、重要なことは、何としてでも、コンサート前日までには、チラシを配り終えることです。当日になったら、台所に腐った野菜をいっぱい置いておくのと、同じになってしまいますからね。

佐藤　モグラたたきだと思うんです。オペラの公演の時に、次のオペラ公演を知らせないと、効果がないと思います。それを早くから提唱しています。あとは、ボーナス時期にチケットを売り出すとか、です。そのノウハウは、こちらから主催者に提供しています。顧客名簿が、一番効果がありますが、それを集めるためにも、チラシを配らないといけないんです。油断すると目減りしますからね。

先の音楽会の宣伝も今日の音楽会が終わってからでなく、開始の前に配るのが重要だと思います。

つまり、食べ物のことは、これから食べる食事とは関係なく、食事前に考えたほうがいいと思うんです。終わったばかりでは、次の食事のことは考えませんからね。

岩城　チラシ配りの風景を、関西ではあまり見ないように思いますが、なぜですか？

佐藤　確かに現在は東京だけです。それは……。

♪

関西の音楽会場の入口でも、次回のコンサートのチラシを配っている人はいる。しかし、東京での配り方からみると、すごく少数なのだ。なぜだろう。

佐藤　数年前までは、大阪や名古屋にも、われわれコンサートサービスと同じようにチラシを配る会社があったんですが、もう撤退してしまいました。

岩城　東京より関西のほうが、もっと盛んになりそうに思うのですが、不思議ですね。

佐藤　それぞれのホールの縄張り意識が強いので、つぶれてしまいました。関西のホールの方々は、たいへんシビアなのです。自分のホールでは、ほかのホールを使用する音楽会のチラシを配るのを、許さないのです。だから、配る種類が少ないし、ホールによっては、次の音楽会が半年先、なんてこともあるわけです。というわけで、チラシを配る仕事が成り立たないことがわかったわけです。

岩城　東京では、自分のホール以外の音楽会のチラシをどんどん自由に配らせるわけですか？

佐藤　音楽会場の入口前の広場は、つまり、東京・赤坂のサントリーホールでいえば、あの「カラヤン広場」は、いわば往来と同じわけです。でも、入口のところは、何となくホールの縄張りみたいな感じがあって、関西では、別のホールの音楽会のチラシを配ろうとすると、追い散らされてしまいます。関東は、その点おおらかというか、自由というか、むしろ会場の前がいろいろ賑わったほうが、業界全体のために得であるという意識なのです。

岩城　そっちのほうが、ぼくにはよっぽど関西的に思えますがね。

佐藤　そうなんです。われわれも不思議に思っています。

というわけで、だんだんエスカレートして、東京では現在、日によっては一二〇枚以上のチラシの束をお客さんに配るようになってしまいました。

コンサートサービスの建物は、前に書いたようになかなか洒落ているが、中に入ると歩く場所もないような、チラシの山である。数百枚ずつ梱包された箱のようにみえるチラシの山が、ところによっては天井まで積み上げられている。

一種類ずつチラシを選別する丁合機という機械が、すさまじい音をたてて唸っている。新聞社や印刷工場の輪転機、そして一度だけ見たことがある造幣局の中で新札を猛烈な勢いで吐き出している風景などを、一緒にしたような感じの機械である。

丁合機の横のたくさん開いている口に、一種類のチラシを何十センチも重ねたのを入れ、四八の口に四八種類のチラシを収めてボタンを押せば、全部のチラシがビューッと横に飛んでいき、計算どおりの順番に重なったチラシの束ができる。それが、その日のお客に配る一回分なのだ。

こういうものを見るのが初めてのせいか、わがクラシック界がこんなにも機械化されているのに呆然とした。

本の印刷の場合は、少なくとも一六ページ分ずつ両面に刷ってから、それを折り、三二ページにカットして作る。

このチラシの丁合機の場合は、紙の大きさがA４判に統一されているが、それぞれの材質、印刷がすべて違う。それをビューッと集合させて、ひと束にしてしまうのだから、開発にたいへんな苦労がかかったのだろう。

チーフ・プロデューサーの伊藤さんは、この仕事を始めて一六年目のベテランである。長年、社長の佐藤さんに協力している。

今から二十数年前まで、チラシは、主催者がまいていた。客は一〇人以上のチラシ配りの人の林の中を、くぐり抜けて会場に入ったのだった。押しつけられるチラシの洪水の中を、受け取らずに逃げるのはたいへんだった。

そして受け取りを拒否されたチラシが会場前の風に舞う、というような悲惨な風景が、よく見られた。それを一本化して、プロの仕事にしたのがコンサートサービス創業者の佐藤さんである。

昔は、配るチラシの束をいちいち手作業で作っていた。現在は年間、数千万枚のチラシだ。丁合機の開発・導入で、これが可能になったわけである。

かくしてチラシを都内中の音楽会場に、一社の手で非常に合理的に配る、世界で唯一の会社が誕生したわけだ。

それぞれのコンサートの内容によってチラシの順番を変える。チラシの一番上に何を置くかで、受け取り率が大きく変わる。

たとえばバレエの公演会場で配るチラシの一番上に、バレエダンサーの熊川哲也さんの公演チラシを置くと、客のすべてが受け取るそうである。

♪

岩城　今までにコンサートサービスで配ったすべてのチラシは、保存してあるのですか。

佐藤　いいえ、全部はないと思います。

伊藤　年間で、だいたい三〇〇〇種類のチラシを配っていますから、とても全部を収容しきれません。すべてであれば、カレンダーにもなるし、現代日本の音楽会事情のたいへんな史料にもなるのですが、残念です。

佐藤　公的なホールでは最初のうち、なかなかチラシを配らせてもらえませんでした。一〇年以上かかって配らせてもらえるようになり、やっと認めてもらえたという感じです。ごみを散らかすだけだと、言われ続けてきましたからね。

伊藤　普通は、自分の音楽会のときに、他人の演奏会の宣伝をされるのはイヤと思うものです。しかし前にも言ったように、東京ではお互いさまだという感じがあるのです。大阪や名古屋では配れないということは、それだけお互いに嫌い合っているわけですね。

岩城　チラシという情報を提供することは、素晴らしいことですが、それにしても「これでもか、これでもか」とチラシを配らないと、お客さんは来ないんでしょうか。

伊藤　個人的な意見ですが、クラシック音楽会のあり方が変わってきているんだと思います。ゴリゴリのクラシック好きは、自分の意見にこだわりすぎ、客観的な状況を把握できにくいのです。

昔は来るのがマニアばかりで、素朴な情報があればよかったんですけど、今はポップスも聴くけど、クラシックも聴こうか、という膨大な層になっています。オーケストラや指揮者の名前も知らない人たちです。そういう大量の人たちがチラシを見て、「この曲知っている」という理由で聴きにきます。

現在のクラシック界は、クラシック・ファンだけでは成り立たなくなっているのです。昔からのファンの中には、演奏会の雰囲気が変わったと、不愉快に思っている人もいると思います。ただ、新しいファンがたくさん来ないと、オーケストラの運営ができないわけですから、音楽界の繁栄のためにも、われわれのチラシ配りは十分、貢献しているのだという誇りを持っています。

岩城　これまでの最高は、ひと束一四六枚だそうですが、いつもは、一セット平均七〇～八〇枚だそうですね。それも、ペラ一枚だけではなく、見開き四つ折り、中には数ページにも及ぶパンフレットがまじり、それに印刷も豪華で、紙の質も最高のものを使っているために、重くなる一方でしょう。

佐藤　演奏会当日、必要セット数を台車に乗せ、車で搬入します。その前には、配布するアルバイトの手配をする。同じ日に、数会場でコンサートがあるのは、今はザラです。

伊藤　開場時間は通常、午後六時半で、開演七時までの三〇分が勝負です。遅刻も、チラシの取り違えも許されません。都内の道路の混み具合まで計算して、会社から車を出します。帰社後は、客層や、S席、A席、B席の埋まり状況などお客さんの入り具合を記入して報告します。捨てられるチラシも多いですから、終演後、回収しています。

佐藤　チラシの山は重いんです。台車の運搬にも力が必要だし、冴えた勘だけでなく、体力も要します。ニューイヤーコンサートが始まってからは、正月もないんです。給料は同年代の人と比較すると、力がいるわりには恵まれているとは言えないかもしれません。

伊藤　それでも、情報の最前線にいるという喜びと自負心を持って、われわれはこの仕事を続けているんです。

佐藤社長と伊藤チーフ・プロデューサーは、目を輝かせた。

音楽の世界を、現在の東京の音楽会を支えている存在に、胸を強く打たれるが、しかし、どうもぼくは、会場の入口で、ビニールみたいな袋に一〇〇枚以上のチラシが入っているぶ厚い束を渡されるのが好きではない。ちょっとは文句をつけたくなる。

岩城　ご存じのように、ぼくは逃げ回って受け取らないようにしているのですが（笑）、不幸にして、受け取ってしまって客席に入った時は、苦労するのです。ぼくは演奏会にお客として行くと、ステージで音楽が始まった途端に、条件反射的に寝入ってしまうんです。指揮するときは、そんなことはありませんが（笑）。

客席で寝てしまった場合に、この重いチラシの束を膝から下に落としてしまう可能性があるので、恐くてたまりません。一〇〇枚も入っていると、落としたら大きな音がするでしょう。「携帯電話をお切りください」とアナウンスするのと一緒に、「チラシは下に置いてください」と言うべきではありませんか。

♪

コンサートホールでのチラシ配りは、戦前にもチラホラあったのだし、戦後は「日比谷サービス」という会社が、主に東京の日比谷公会堂で、少数の主催者に頼まれて配っていた。

コンサートサービスの社長・佐藤修悦さんが今の形で、小規模にチラシ配り会社を始めたのが三十年ほど前だから、戦争直後からそのころまで、バラバラに、そして組織などなく、各主催者によって、紙の大きさが異なる地味なチラシが配られていたわけだ。

何人かの主催者が別々に配るから、ときにはお客さんの手からチラシがこぼれて、散乱する。チラシの数が多くなってくるから、なおさら大変である。

そこで、コンサートサービスは、一度に配るチラシをビニールの透明な袋に入れて、お客さんに配るようにした。

チーフ・プロデューサーの伊藤さんが、そのあたりのことを話してくれた。

伊藤　音楽会の最中は、ステージの音に耳を集中させるために、ほんのちょっとの雑音でも、すごく気になるものです。とくにピアニッシモはもちろんですが、オーケストラがかなり大きな音を出しているときも、異質な雑音は耳に障るものです。最初のころは、一度に配るチラシの量はまだ少なく、せいぜい十数枚ぐらいだったのですが、チラシを入れているビニール袋が、けっこう雑音を出すのです。お客さんが演奏の最中に、手元のビニールの袋から、どれか次の音楽会のチラシを探そうとすると、ガサゴソ嫌な音がします。

そこで、

「お願い　このチラシの袋は、これからの公演のご案内のためにお配りしています。演奏中、とくに膝の上に置かれますと、音が出やすく、他のお客さまのご迷惑になることがございますので、座席の下に置いていただくか、鞄(かばん)に入れていただくなど、皆様のご協力をお願い申し上げます。株式会社コンサートサービス」

と、袋に刷りました。

しかし、実は一九九六年に『朝日新聞』夕刊で、一面トップで問題にされたのです。「チラシを入れている袋のガサガサがうるさい、なんとかならないか」という抗議の投書が元でした。

ちょうど、東京・赤坂のサントリーホールがオープンしてから一〇年目でした。そして、この雑音退治に一番きびしく反応したのが、サントリーホールでした。

二年ほど前、サントリーホールでベルリン・フィルハーモニーが演奏中に、お客さんが持っていた携帯電話が鳴って大問題になり、サントリーホールは、次の日からお客さん全員に、携帯電話を厳重に注意するようにパンフレットを配るなど、大変に敏感で強力な反応をしました。

そうして、超スピードでサントリーホールは、携帯電話の電波を防ぐウエーブ・ウォールにしてしまったので、現在は、携帯電話が演奏中に鳴ることは、なくなりました。

先日、ぼくは東京・渋谷のオーチャードホールのステージで仰天した。ストラヴィンスキーの「春の祭典」を、その日の音楽会でライブ録音するので、会場練習のときに録音をしていた。本番でもしも事故が起きたときに、はめこむための音作りである。

その最中にチェロ奏者の携帯電話が鳴った。呆れ果ててNGにした。プロの音楽家にも、こういう粗忽（そこつ）な者がいることがあって、言語道断だが、どうしても、こういうおっちょこちょいはいるものである。

二〇〇〇人以上のお客ならなおさら、絶対数は多くなる。そのためには、残念だが、コンサートホールの中に電波が入らないようにしたほうがいい。

伊藤　『朝日新聞』の記事を読んだ読者から、「何とか音の出ないチラシを入れる袋を合成ゴムで開発できるかもしれない」という知らせがあり、ある会社が熱心に研究をしてくれました。

苦心の研究の末、その製品が完成して、現在われわれは、かなり安心して、百何十枚のチラシをお客さんに配ることができるわけです。もちろん、絶対に雑音がでないということはありませんから、お客さんには気をつけていただきたいと思います。

余談ですが、この袋の原料となっている合成ゴムは、コンドームの原料と同じだそうです。

岩城　う～ん、すべりがよくて、雑音がない。なるほどねえ（笑）。

♪

チラシ配りの元祖は「もぎり」だった。

▼もぎり【捥り】（もぎる人の意）劇場・映画館などの切符係の俗称。（『広辞苑』）

一〇年ほど前、三人の年配のご婦人と、あるホテルのコーヒーラウンジでデートをした。もうすぐ八〇歳になろうとする石井えいさん、一〇歳ほど年下の大村いねさんと早船和子さんだった。同窓会の二次会で、恩師三人にかこまれておしゃべりしているような気持ちになった。

石井さん、大村さんたちは「日比谷サービス」という会社の創設者である。念のため現在のこの会社の活動状況を、『週刊金曜日』の編集部に取材してもらった。

大村さんは、今も八〇歳の現役で「もぎり」の仕事を続けている。ぼくがおしゃべりしたときは、七〇歳だったわけだ。九〇歳の石井さんは、元気だけれども、腰を痛めていて、この数年は仕事をしていない、ということだった。

都内の音楽会に足を運んだことがある人なら、何回かはこのおばさんたちと手をふれあっているはずだ。入口で入場券をもぎるのが、彼女たちなのである。

「日比谷サービス」は、現在一〇人の女性従業員を抱えている。代表の大村さんは、「もう私は歳だから、手配だけ」と言っているそうだから、大ベテランに直接切符をもぎってもらうチャンスは、少ないだろう。

彼女たちのもぎりは、戦前からである。当時は、もぎりやチケット販売専門の人はいなかった。たまたま、いとこの手伝いをして、興味を持ったのだった。戦争になってからは、女子挺身隊としてもんぺに防空頭巾姿で日比谷公会堂のもぎりや会場整理、掃除等をした。これがプロの仕事の始まりになった。

戦後すぐに、日比谷公会堂の中にも「日比谷サービス」ができて、いっしょに仕事をするようになった。

戦前戦中は、東京に日比谷公会堂や日本青年館などしか、コンサートホールがなかった。こういう仕事をする人がいなかったので、非常に重宝がられたのだった。

戦時中は、コンサート中に空襲警報が鳴ると、会場から聴衆を出して、近くの防空壕に誘導することまでしていた。

彼女たちの仕事の本拠地は日比谷公会堂だったが、その後いろいろなホールが建設されるにしたがって、「日比谷サービス」の活躍の場は、都内のあちこちに広がっていったのだった。

最近は、切符等を扱うのを、外の業者に頼む会場が少なくなり、会場に専属のもぎりや案内係がいるようになった。しかし、主催者団体から来てほしいと頼まれることも多く、クラシック関係の「ジャパン・アーツ」「梶本音楽事務所」や「ＮＢＳ（日本舞台芸術振興会）」から頼まれて出向くことが多い。

大村さんは「もう歳だから手配だけ」と言っているが、今度の取材の日、彼女は新国立劇場と津田ホールに行く予定があって、けっこう忙しい。

冬は着物を着ることもあるそうだが、日比谷公会堂のとき以外は私服である。日比谷公会堂のときは、同公会堂の制服を着る。とにかく八〇歳の現役は、今も〝ひっぱりだこ〟なのだ。

ぼくは高校二年の頃から、日比谷公会堂に通いつめるようになった。戦後五年ぐらい経っていた。いつも切符をちゃんと買っていたが、ときには値段が高すぎて買えなかったり、とっくに売り切れだったりした。なんとか聴きたくて、会場の入口でウロウロしていたものだ。もぎりのおばさんたちは、いつも同じ顔ぶれで、キリッとした勝気らしい小柄の人と、小太りのノンキそうな人だった。

キリッとしたおばさんが、もぎりを忙しくやりながら、小声で、

「いいから、そっと入んなよ」

と、背中の後ろから入れてくれた。ずっと後になってから名前を知った。石井さんだった。

そして、ぼくと同世代の多くの音楽家——黛(まゆずみ)敏郎(としろう)さんや武満徹さんたちが、まだ音楽家のタマゴの頃、何度も石井のおばさんに感謝したことを知った。

「この子はモノになる。勉強させてやろう」

おばさんの直観である。こちらが一五、六歳ぐらいなのだから、石井さんは四〇代になるかならずだったわけだ。

主催者の目をごまかして若者を会場に入れてやる石井さんを、ノンキそうな大村さんは、いつもハラハラ見ていたという。

指揮者になってからも、このおばさんたちに出会うと、ぼくはキヲツケをしてしまうのだった。

一〇年前、おばさんたちとおしゃべりしたときに、テープを用意しておかなかったのを悔やむ。彼女たちの戦中戦後の音楽界の裏話は、非常に面白く、貴重な記録だったのだ。録音しておけば、「もぎりのおばさん大いに語る」という座談の一冊ができたのに。

あとがき

「裏方のおけいこ」という連載を『週刊金曜日』に約三年間書いた。以前「指揮のおけいこ」を連載し、これは「指揮」という仕事が、どんなにいい加減でインチキな仕事であるか、そして同時に、どんなに複雑で難しい仕事であるか、などを半分おちょくって書いたエッセイだった。

しかし指揮者を志す若者が読めば、相当たくさんの職業上の秘密を知ったと思う。つまり「おけいこ」だった。

今度の連載の原題名「裏方のおけいこ」では、「おけいこ」の意味が違っている。「裏方」とは、どういう仕事をしている人たちかを知るための、「おけいこ」のつもりである。

ぼくが書いたのは、いわゆる西洋音楽のコンサートのための裏方の仕事であって、歌舞伎や演劇等の裏方については、触れなかった。

考えてみると、プロ野球、世界陸上、サッカー、ゴルフ、テニス等のあらゆるイベントは、膨大な裏方の仕事があって成り立っている。すべての表方たちは、海の上に顔を出している、氷山の一角にすぎないのである。

政治、ビジネス等の人間社会のすべての活動が、裏方によって動いているのだということを、「裏方のおけいこ」の連載の三年間で、実感したのだった。

「指揮のおけいこ」、「裏方のおけいこ」のあと、現在は連載「音の影」を『週刊金曜日』誌上で続けている。いつも和田誠さんに、楽しいイラストを書いていただいている。もう連続七年越しになる。しかも、これまで文藝春秋から出したぼくの五冊の本すべての装丁を和田さんにやっていただいているのが、ぼくの最大の贅沢である。この幸福な気持ちは、どんなに感謝しても、し足りないのである。和田さん、本当にありがとう。

連載の担当だった『週刊金曜日』の吉田亮子さんと、本にまとめて下さった文藝春秋第二出版局の大松芳男さんの「裏方のしごと」にも、人目につかないところで深く、深く感謝する。

二〇〇二年二月

岩城宏之

解説

吉田純子

岩城宏之さんは、音楽界きっての「かぶき者」だった。ダイエット本を書いてみたり、選挙に立候補してみたり。「違いがわかる男」のコピーで知られるオシャレなコーヒーのCMに出たことが、ちょっとした自慢だった。「クラシック音楽」という何やら高級そうな額縁をぶち破り、人々の日常のど真ん中に自らエイヤと飛びだし、イヨーッと見得を切ってみせる。

文筆家としても、指揮者とどちらが本職なのかとよく問われるほど、岩城さんは実に生き生きと、それこそ音と同じくらい自在に言葉を扱った。いや、音と言葉、どちらが欠けてもだめだったのだろう。岩城宏之さんは本質的に、存在それ自体がジャーナリストだった。指揮者の職業病である頸椎(けいつい)の病を患ったときも、手術に闘病という苛酷な体験を、『九段坂から』という一冊の本にせずにはいられなかった。字を書くこともままならない状態だったため、編集者に「口伝(くでん)」で書いてもらうという恐るべき執念で。好奇心に突き動かされ、コツコツとディテールを積み重ね、そこから世界を読み解くヒントを得る。まさにジャーナリズムの仕事ではないか。新聞記者の身としては、ああ、私がやらなきゃいけないことを、また先にやられてしまった……と、羨望の念と嫉妬を抱くことしきりであった。

本書は隅々まで、そんな希代の才人からの真摯なメッセージにあふれている。この世界でいま、音楽という商売を成り立たせてくれているのは、僕ら「表方」よりむしろ「裏方」の人たちなんだ。光の当たらない人たちこそが、いつも時代をつくるのだ——。

まさにこの「いま」が、ジャーナリズムにとっての重要なポイントだ。「いま」を伝えないものは、ニュースじゃないからだ。ニュースを伝えること。これは音楽の現場では、生まれたばかりの楽曲を、どんどん音にして世界に発信するということに他ならない。

新聞の世界ではよく「ファクト（事実）」という言葉が使われる。思い込みを捨て、淡々とファクトを積み重ねること。そこから真実を希求するのが記者の使命である……云々。

しかし、そのファクトの前に「信念」がなければ、正しくファクトを選び抜き、人を説得することなどできない。この本を読むたびに、そういう記者の原点を思い知らされる。

自ら「職人たち」の現場に身を投じ、第一人者の話に耳を傾ける。そして、それぞれの仕事のつらさも醍醐味も、とことん味わい尽くす。その感触が、伸びやかな筆致の源となる。

本書に先立ち、今年三月に復刊された『指揮のおけいこ』でも、たとえばベートーヴェンの交響曲第五番「運命」を演奏するとき、自分が何回右手を振るのか、スコアを見ながら実直に数えている。実に、二千二百四十九回であったという。

その数字に一体、何の意味があるのか。音楽の本質と、何の関係もないではないか。それはそうかもしれない。

しかし、音は出さないのに「マエストロ」などと呼ばれる不可思議な人々の営みを、「何だかわからないけれど、素晴らしい」ということにしておく慣例じみた何かに、岩城さんは胡散臭い何かを感じとらずにいられないのだ。「何回腕を動かした」というファクトなら、誰だって共有できる。指揮という仕事のイメージがしやすくなる。音楽業界からの一方通行になることは決してない。業界の枠を超え、万人と同じ地平に立つことから、岩城さんはいつもすべてをスタートさせる。

本書で採り上げられている「職人たち」は、ステージマネージャーから楽器の運び屋さん、ツアーに帯同する医者、調律師、チラシ配りを文化にした人まで、多岐にわたる。なかでもその筆致に格別の愛情をにじませているのが、スコアからパート譜を起こす写譜屋さんの営みについて綴る章である。

オーケストラのための新しい作品ができあがる。だいたいの場合、初演の日までそう時間がない。大勢の奏者たちに、それぞれの役割をいかに速く、正確に伝達するか。写譜屋さんはそうしたニッチな技術を磨き、神経細胞のニューロンさながらに、初演の現場の核であり続けてきた。

今は多くの作曲家が、最初からパソコンで曲を打ち込んでいる。パート譜をつくるのも、かつてほど大変ではない。しかし、多種多様な手書きの音符こそが、単なる音の高さ、長さなどにとどまらぬ膨大な情報（＝メッセージ）を、作曲家の息遣いとともに伝えていたのではないかと岩城さんは指摘する。

同じ時代を生きている人たちと、みんなで一緒にクラシックという神輿を担ぎたい。岩城さんの文章を読むたびに感じるのは、そうした豊かな「共生」のビジョンである。

岩城さんが根っからのジャーナリストだと初めて意識したのは、ある酒の席で、やぶからぼうにこう尋ねられたときのことだった。

「君さ、僕が死んだとき、どんな訃報記事を書くつもりなの」

何度も大病を乗り越えてきた人と、当人が亡くなることを前提に楽しい雑談を交わせるほどの大人の機知を、残念ながら私は持ち合わせていなかった。

自分で考えてくださいな。いつか、そのまま使わせていただきます。そう返すと、岩城さんはウーンと考え、いろいろとしゃべりはじめた。それが、なぜかとても楽しげだったのをよく覚えている。

「とりあえず、年末になったら突然ベートーヴェンを振りはじめた岩城宏之、ってのはやめてね。世界的指揮者、なんてエラそうなのも、絶対嫌だ」

あれこれとNGを出していたが、最後はこんな風におさまった。

「クラシックの枠を超えて多くの人々に親しまれたとか、そういうのがいいな」

今思うと、「岩城宏之が、岩城宏之の訃報を書く」というこのアイデアこそ、ジャーナリスト岩城宏之の真骨頂だったのではないかと思う。

大晦日の一日で、ベートーヴェンの交響曲を全部振るという前代未聞の発想も、使命感というよりは、周りを驚かせたいというイタズラ心、そして「その先に何が見えるか」というジャーナリスティックな好奇心から生まれたものだった。

「年末に第九を振るのは当たり前。何よりいま、ボクは病気だから、ベートーヴェンを一曲振っただけでみんなエライと褒めてくれる。ツマラナイ。じゃあ、九曲全部、もし独りで振ったら？　アイツ、頭おかしくなったんじゃないかって言われるんじゃないかしら」

覚悟を決めるのとほぼ同時に、岩城さんは長年お世話になってきた事務所を辞めた。

「マネジャーが僕の体を気遣い、反対するに違いないから」との理由だった。

「本音を言うと、憎からず思っている女房と別れなきゃいけないくらいツライけど、それでも、エラい人って祭り上げられたまま死ぬのは、僕は絶対に嫌なんだ。ムチャクチャをやり続け、アイツはどうしようもなかったと、みんなに呆れられながら死にたい」

どこまで冗談で、どこまで本気だったのかはわからない。それでも、亡くなる前年までに二回実現させた「大晦日にベートーヴェンの交響曲を全部振る」という企画は、岩城さんの晩年に思いがけなく豊かな稔りをもたらした。ワーグナーが「舞踏の権化」と呼んだ生気あふれる第七番と、今や知らぬ人はいないであろう「第九」。強い輝きを放つこのふたつの曲に挟まれ、「面白みがない」と思い込んでいた第八番の革命性に初めて気付いたと語った。

命の期限は刻一刻と迫っていたけれど、岩城さんの命は最後の瞬間まで「いま」を生きていた。亡くなる前年には、晴れやかな表情でこんなことを言っていた。

「いまが、ボクの旬じゃないかと思うんだ。人生で一番、自由に生きている気がする」

芸術家が、表現の中に自らを追い込んでいく。その現場を見守りたいという聴衆の渇望をも、岩城さんは覚醒させた。音楽の世界を覆う「権威」なるものが、実はいかに薄っぺらなものであるかということ。そして、音楽というものが人生を、命を懸けるに値するものだということ。岩城さんの晩年の「遊び」と「闘い」は、一見矛盾するこのふたつの本質を見事に統合させるものとなった。

盟友の山本直純（やまもとなおずみ）さんが二〇〇二年に亡くなったとき、岩城さんに追悼文を書いていただいた。電話をしてから二、三時間後だっただろうか、さすがの超特急で原稿を書き上げてくれた（それはそのまま、山本さんのお葬式で弔辞として読み上げられた）。

それに負けじというわけではないが、二〇〇六年に岩城さんが亡くなったとき、林光さんがほぼ一時間くらいで追悼原稿を仕上げてくれた。

林さんの代表作のひとつである「原爆小景」の「水ヲ下サイ」は一九五八年、岩城さんが委嘱し、東京混声合唱団で初演したものだった。林さんは、追悼文にこう書いた。

「楽譜を書けば作品が成るというものではない。彼の名指揮が、僕の作品を完成へと導いた。岩城は、僕の作曲家としての立ち方を定めてくれた人だった」

自分ひとりの人生を超え、音楽という永遠のいのちに連なっている。新聞記者として訃報を伝えるということは、そういう人たちの友情と連携のありようを、実感をこめて歴史に刻印するということなのだろう。岩城さんのことを想うたび、そのことを心に刻み直している。

本書で岩城さんが一番言いたかったことは、レッスン8「「クラシック」を定義する」の章に書かれている、この一文に尽きるのではないかと思う。

とにかくこの地球という星の人類がやっている音楽は、すべて親類同士なのである。クラシック音楽や、ロック、浪花節、教会のミサ……等は、みんな同根なのだ。

「常識」とされている権力構造に安住することが、人々に緩慢な思考停止を促し、知らず知らずのうちに差別の意識を培っている。そうした岩城さんの気付きは、今こそきわめてアクチュアルだ。

岩城さんがやりたかったのは、普通に暮らしていたら出会うはずのない人たちの縁を、ひとつでも多く結ぶことだった。岩城さんは、さまざまな「初めて」を紡ぐことに人生を懸けた。初めて出す音。初めて聴く音。初めて会う人。多種多様な出会いの場を創出し、演出する。そのために岩城さんは音楽家として音を、ジャーナリストとして言葉を研ぎ澄ませた。

本書では、「寄り道」の豊かさにも唸らされる。米軍施設などの戦後の風景や、世界のニッチなオーケストラ事情へと、そのタクトは自由自在に風景を切り替える。その見通しの良さとサービス精神のバランスは、ベテランの車掌の如し。お客様を心楽しく運ぶことを第一の任務としつつ、時々忘れ難いスパイスを入れ、旅の印象と余韻をより深くする。

岩城さんは、オーケストラのことを「ガクタイ（楽隊）」と呼ぶのが好きだった。おもちゃの兵隊みたいで楽しそうだから、と。クラシックを権威にすることは、多くの人に対して壁をつくることに等しい。そうさせないために、自らとことん遊び、楽しんでいる後ろ姿を人々に見せる。あんなに楽しそうにしているんだから、あそこに何か面白いものがあるに違いない。そうしてふらりと吸い寄せられた人たちに対し、岩城さんはクルリと向き直り、満面の笑みでこう叫ぶのだ。「この指、とまれ！」

そのために岩城さんは音だけでなく、言葉も総動員した。無限のおもちゃ箱であるクラシックの世界へと、あの手この手で人々を招き入れようとした。遊びをせんとや生まれけむ。梁塵秘抄(りょうじんひしょう)の世界観を、岩城さんはそのまま生きていた。

最後に。本書は『森のうた』『指揮のおけいこ』に続く河出書房新社による岩城本シリーズ、三冊目の復刊である。いずれも編集者のIさんが奮闘し、心をこめて形にした。Iさんは一九八〇年生まれだが、岩城の童心とその好奇心の乱反射ぶりに、すっかり魅了されてしまったようだ。クラシックの深みに、すっぽりとハマってしまったのである。まこと、岩城さんの思うツボである。

マニアじゃない人にこそ、ほんもののクラシックを届けたい。そして、その素晴らしさに無限に目覚め続けてもらいたい。これが岩城さんのみならず、小澤征爾(おざわせいじ)さんに山本直純さんら、戦後日本のクラシックの土壌を耕してきた音楽家みんなの目標であり、夢だった。

若い世代が自身の言葉を未来へと継いでくれていることを、岩城さんはいま、どれほど喜んでいることだろう。何なら、この文庫版あとがきだって僕が書いてやったのに、チクショー、と思っているに違いない。ひょっとすると諦めきれず、『オーケストラの職人たち2』の構想を練りはじめているかもしれない。僕ら、ガクタイの仕事の喜びを言葉にして伝えてくれる出版社の編集者は、一体どんな仕事をしているのか――。「もしもし、僕、指揮者のイワキです」。Iさんの携帯が鳴る日も近そうだ。

（よしだ・じゅんこ　朝日新聞編集委員）

本書は一九九八年〜二〇〇一年「週刊金曜日」で「裏方のおけいこ」として連載後、〇二年文藝春秋から刊行され、〇五年文春文庫に収められました。記載されている業務内容は現在のものとは一部異なります。また、復刊にあたり、装丁・挿図は一新しました。なお、本文中、今日からみれば不適切と思われる表現がありますが、書かれた時代背景と作品価値とに鑑み、そのままとしました。

オーケストラの職人(しょくにん)たち

二〇二三年一一月一〇日　初版印刷
二〇二三年一一月二〇日　初版発行

著　者　岩城宏之(いわきひろゆき)
発行者　小野寺優
発行所　株式会社河出書房新社
〒一五一－〇〇五一
東京都渋谷区千駄ヶ谷二－三二－二
電話〇三－三四〇四－八六一一（編集）
〇三－三四〇四－一二〇一（営業）
https://www.kawade.co.jp/

ロゴ・表紙デザイン　粟津潔
本文フォーマット　佐々木暁
印刷・製本　中央精版印刷株式会社

Printed in Japan　ISBN978-4-309-42017-2

森のうた

岩城宏之　41873-5

オーケストラを指揮したい！　東京藝大で指揮者修業に奮闘するイワキとナオズミ。師と出逢い、ケンカと失恋を越え、ついに演奏会の日がやって来た！　名エッセイストが綴る、涙と笑いの傑作藝大青春記。

指揮のおけいこ

岩城宏之　41952-7

指揮者の役割とは？　指揮の上達法とは？　暗譜のコツと大失敗、意外と多い指揮台からの落下etc.　名指揮者にして名エッセイストが明かす、楽しくてちょっとためになる「指揮」の秘密。

私のモーツァルト

吉田秀和　41809-4

吉田秀和がもっとも敬愛した作曲家に関するエッセイ集成。既刊のモーツァルトに関する本には未収録のものばかり。モーツァルト生誕230年記念。長文の「私が音楽できいているもの」は全集以外初収録。

カラヤン

吉田秀和　41696-0

今こそカラヤンとは何だったか、冷静に語る時。適任はこの人をおいていない。カラヤンの、ベートーヴェン、モーツァルト、ワーグナー、オペラ、ブルックナー、ドビュッシー、新ウィーン学派……。

決定版　マーラー

吉田秀和　41711-0

2011年オリジナル文庫の増補新装版。新たに「マーラー、ブルックナー」「マーラーの新しい演奏」「五番　他　シノーポリ」「菩提樹の花の香り」など五篇を追加。

ホロヴィッツと巨匠たち

吉田秀和　41714-1

圧倒的な技巧派・ホロヴィッツの晩年公演を「ひびの入った骨董品」と称し名声を高めた吉田秀和。他、著者が愛した名ピアニスト３人――ルービンシュタイン、リヒテル、ミケランジェリに関する一冊。

ブラームス

吉田秀和　41723-3

ブラームスの音楽の本質・魅力を、ブラームスの人間像も含めて解き明かす。交響曲、協奏曲、ピアノソロ、室内楽等々、幾多の名曲と名演奏を味わう、ブラームス鑑賞の決定版。文庫オリジナル。

ベートーヴェン

吉田秀和　41741-7

「ベートーヴェンの音って？」から、ソナタ、協奏曲、交響曲について、さまざまな指揮者、演奏家の解釈を通じて、ベートーヴェンとは何かを味わう。文庫オリジナル編集。

グレン・グールド

吉田秀和　41683-0

評価の低かったグールドの意義と魅力を定め広めた貢献者の、グールド論集。『ゴルトベルク』に始まるバッハの他、モーツァルト、ベートーヴェンなど、多角的に論じる文庫オリジナル。

クライバー、チェリビダッケ、バーンスタイン

吉田秀和　41735-6

クライバーの優雅、チェリビダッケの細密、バーンスタインの情動。ポスト・カラヤン世代をそれぞれに代表する、３人の大指揮者の名曲名演奏のすべて。

西洋音楽史

パウル・ベッカー　河上徹太郎〔訳〕　46365-0

ギリシャ時代から二十世紀まで、雄大なる歴史を描き出した音楽史の名著。「形式」と「変容」を二大キーワードとして展開する議論は、今なお画期的かつ新鮮。クラシックファン必携の一冊。

中世音楽の精神史

金澤正剛　41352-5

祈りの表現から誕生・発展したポリフォニー音楽、聖歌伝播のために進められた理論構築と音楽教育、楽譜の創造……キリスト教と密接に結び付きながら発展してきた中世音楽の謎に迫る。

ユングのサウンドトラック

菊地成孔　41403-4

気鋭のジャズ・ミュージシャンによる映画と映画音楽批評集。すべての松本人志映画作品の批評を試みるほか、町山智浩氏との論争の発端となった「セッション」評までを収録したディレクターズカット決定版！

服は何故音楽を必要とするのか？

菊地成孔　41192-7

パリ、ミラノ、トウキョウのファッション・ショーを、各メゾンのショーで流れる音楽＝「ウォーキング・ミュージック」の観点から構造分析する、まったく新しいファッション批評。文庫化に際し増補。

憂鬱と官能を教えた学校 上　【バークリー・メソッド】によって俯瞰される20世紀商業音楽史　調律、調性および旋律・和声

菊地成孔／大谷能生　41016-6

二十世紀中盤、ポピュラー音楽家たちに普及した音楽理論「バークリー・メソッド」とは何か。音楽家兼批評家＝菊地成孔＋大谷能生が刺激的な講義を展開。上巻はメロディとコード進行に迫る。

憂鬱と官能を教えた学校 下　【バークリー・メソッド】によって俯瞰される20世紀商業音楽史　旋律・和声および律動

菊地成孔／大谷能生　41017-3

音楽家兼批評家＝菊地成孔＋大谷能生が、世界で最もメジャーな音楽理論を鋭く論じたベストセラー。下巻はリズム構造にメスが入る！　文庫版補講対談も収録。音楽理論の新たなる古典が誕生！

M／D 上　マイルス・デューイ・デイヴィスIII世研究

菊地成孔／大谷能生　41096-8

『憂鬱と官能』のコンビがジャズの帝王＝マイルス・デイヴィスに挑む！東京大学における伝説の講義、ついに文庫化。上巻は誕生からエレクトリック期前夜まで。文庫オリジナル座談会には中山康樹氏も参戦！

M／D 下　マイルス・デューイ・デイヴィスIII世研究

菊地成孔／大谷能生　41106-4

最盛期マイルス・デイヴィスの活動から沈黙の六年、そして晩年まで――『憂鬱と官能』コンビによる東京大学講義はいよいよ熱気を帯びる。没後二十年を迎えるジャズ界最大の人物に迫る名著。